Steven Nguyen

Clash of Laws

Chinas Angriff auf das Handelsrecht in der EU

Inhaltsverzeichnis

Abkürzungsverzeichnis I

Abbildungsverzeichnis VI

Tabellenverzeichnis VII

1 Einführung 1

2 Übersicht über China, die EU und die Seidenstraße ... 6

    2.1 China 6

    2.2 Die EU 12

    2.3 Seidenstraße 18

        2.3.1 Die Alte Seidenstraße 18

        2.3.2 Chinas Weg zurück auf die Weltbühne 22

        2.3.3 Die Belt and Road Initiative 24

3 Kooperation zwischen China und Europa 31

3.1 Aktuelle Handelsbeziehungen zwischen den Regionen 31

3.1.1 Chinas wirtschaftliche Entwicklung 32

3.1.2 Handels- und Leistungsbilanzen..................36

3.2 Regionale Investitionen 43

3.2.1 Chinesische Unternehmungen in Europa und der EU...44

3.2.2 Europäische Unternehmungen in China .. 51

4 Rechtliche Rahmenbedingungen.............................57

4.1 Der Export des „China-Models" 57

4.2 Einführung in das chinesische Recht................63

4.2.1 Entwicklung des chinesischen Rechts..... 63

4.2.2 Blick auf ausgewählte Rechtsgebiete...... 68

4.2.2.1 Die Verfassung 68

4.2.2.2 Allgemeines Zivilrecht 71

4.2.2.3 Vertragsrecht 83

4.2.2.4 Gesellschaftsrecht 88

4.2.2.5 Arbeitsrecht 95

4.2.3 Recht für ausländische Investitionen 107

4.2.3.1 Zugang für ausländische
Investoren 107

4.2.3.2 Zugangsformen 112

4.2.3.3 Auflösung der Unternehmung 120

4.2.4 Wettbewerbsrecht 122

4.2.5 Schiedsgerichtsbarkeit 126

4.2.6 Rechtsstaatlichkeit und unabhängige
Justiz 128

4.3 Internationales Vertragsrecht 133

4.3.1 Wichtige internationale Vorschriften 134

4.3.1.1 Internationales Privatrecht 134

4.3.1.2 UN-Kaufrecht....................................136

4.3.1.3 INCOTERMS 139

4.3.1.4 UNIDROIT 141

4.3.2 Vertragsgestaltung....................................143

4.3.2.1 Zustandekommen.............................144

4.3.2.2 Formvorschriften...............................145

4.3.2.3 Auslegungsmethoden 146

4.3.2.4 Weitere Besonderheiten 148

4.3.3 Letter of Intent, Memorandum of Understanding, Term Sheet......................150

5 Europas Umgang mit der Seidenstraße 155

5.1 EU-China Abkommen 155

5.2 Der Seidenstraßengipfel 159

5.3 Strategie zur Förderung der Konnektivität zwischen Europa und Asien 163

5.4 Die Hanse als Vorbild 165

6 Fazit 168

7 Literaturverzeichnis IV

Abkürzungsverzeichnis

AG	Aktiengesellschaft
AGB	Allgemeine Geschäftsbedingungen
AGZ	Allgemeine Grundsätze des Zivilrechts
AIIB	Asiatische Infrastruktur-investmentbank
AMG	Antimonopolgesetz
ArbeitsG	Arbeitsgesetz
ArbeitsVG	Arbeitsvertragsgesetz
ArbeitsVGDVO	Durchführungsverordnung zum ArbeitsVG
BARF	Belt and Road Forum
BGB	Bürgerliches Gesetzbuch
BOR	Belt and Road
BRI	Belt and Road Initiative

CAI	Comprehensive Agreement on Investment
CFDI	Catalogue for the Guidance of Foreign Investment Industries
CIETAC	Chinese International Economic and Trade Arbitration Commission
CISG	UN Contracts for the International Sale of Goods
CJV	Cooperation Joint Venture
EGBGB	Einführungsgesetz zum BGB
EJV	Equity Joint Venture
EPUG	Einzelpersonenunternehmensgesetz
EU	Europäische Union
FDI	Foreign Direct Investment
FICLS	Foreign Invested Company Limited by Shares

FIE	Foreign Investment Enterprise
FIL	Foreign Investment Law
GesG	Gesellschaftsgesetz
GmbH	Gesellschaft mit beschränkter Haftung
HDI	Human Development Index
ICC	International Chamber of Commerce
INCOTERMS	International Commercial Terms
IPR	Internationale Privatrecht
KPCh	Kommunistische Partei Chinas
LoI	Letter of Intent
MOFCOM	Ministry of Commerce and Industry
MOHHRS	Ministry for Human Resources & Social Security
MoU	Memorandum of Understanding
OBOR	One Belt One Road

III

OHG	Offene Handelsgesellschaft
PUG	Partnerschaftsunternehmensgesetz
RichterG	Richtergesetz
SAFE	State Administration of Foreign Exchange
SAIC	State Administration for Industry & Commerce
SAMR	State Administration for Market Regulation
SOE	State-owned Enterprise
TS	Term Sheet
UN	United Nations
UNIDROIT	Institut international pour l'unification du droit privé
VG	Vertragsgesetz
VO	Verordnung

IV

WFOE	Wholly Foreign-owned Enterprises
WFOE-G	Wholly Foreign-owned Enterprises – Gesetz
WFOE-R	Wholly Foreign-owned Enterprises – Richtline
WTO	Welthandelsorganisation
ZK	Zentralkomitee

Abbildungsverzeichnis

Abb.1: Außenhandel der EU,
2019... 39

Abb. 2: Außenhandel China,
2019..42

Abb. 3: Chinesische Investitionen in Europa 2006-
2019.. 45

Abb. 4: Europäische Unternehmen in China 55

VI

Tabellenverzeichnis

Tab. 1: Größte chinesische Unternehmensbeteili-
        gungen in Europa 47
Tab. 2: FDI in China,
        2019..54

1 Einführung

Einst als Werkbank der Welt für seine Produkte belächelt, wird China seit einigen Jahren als aufstrebende Weltmacht und sogar als Bedrohung für die westliche liberale Welt wahrgenommen. Durch anhaltende Produktivitätssteigerung und dem damit verbundenen wirtschaftliche Aufstieg sorgt das Reich der Mitte andererseits aber auch für Begeisterung und Bewunderung.

Einer dieser Grundpfeiler, die zu einem wirtschaftlichen Wachstum von 6,1 % im Jahr 2019[1] führte und diesen - wenn auch stetig sinkenden Zuwachs - weiterhin trägt sind die bilateralen und multilateralen Beziehungen zu Nachbarstaaten und allen anderen Staaten und Regio-

---

[1] Statista (2020), China: Wachstum des realen Bruttosozialproduktes (BIP) von 1980 bis 2019 und Prognosen bis 2025.

nen auf der Welt. Im Rahmen dieser Partnerschaften werden gemeinsame Forschungsprojekte, ein kultureller Austausch und ein reger Handel vorangetrieben. Innerhalb weniger Jahre hat sich die Europäische Union (EU) und dort vor allem Deutschland zu einem soliden Partner für die Volksrepublik entwickelt.

Im Jahr 2013 stellte der amtierende Generalsekretär der Kommunistischen Partei Chinas (KPCh) und Staatspräsident der Volksrepublik China, Xi Jinping, bei Staatsbesuchen in Kasachstan und Indonesien ein neues chinesisches Staatsprojekt vor – die *„One Belt, One Road"*- Initiative (OBOR). Sie sollte dem Aufbau eines interkontinentalen Infrastrukturnetzes zwischen den Ländern Asiens, Afrikas, Lateinamerikas und Europas dienen; wandelt sich jedoch zunehmend zum größten globalen Phänomen, das alle wirtschaftlichen und sozialen Schichten gleichermaßen erfasst und sich als geoökonomische, ge-

opolitische und vor allem geostrategische Herausforderung nicht nur mit dem Ausbau von Straßen, Bahntrassen
und Häfen begnügt.

Exemplarisch für die aufrüttelnde Wirkung des Projektes,
dass hierzulande medial hohe Beachtung fand, war die
chinesische Übernahme des augsburgischen Maschi-
nenbauers Kuka Ende 2016. Bis zuletzt versuchte die
Bundesregierung die Übernahme durch die chinesische
Midea Group zu verhindern, indem sie bei deutschen Unternehmen um eine Übernahme warb[2]. Auch die EU, vertreten durch den damaligen EU-Kommissar für digitale
Wirtschaft und Gesellschaft, Günther Oettinger, war bestrebt „Wertschöpfung und Forschung auch künftig in Europa zu halten"[3]. Beide Initiativen blieben fruchtlos.

---

[2] FAZ (2016), Noch ein Großaktionär verkauft seine
KuKa-Anteile.
[3] FAZ (2016), Um wichtiges Wissen in Europa zu halten.

Auch die Übernahme des griechischen Hafens von Piräus schlug in der hiesigen Presse hohe Wellen und ging so als Sinnbild für Chinas „Neue Seidenstraße" in das kollektive Bewusstsein ein.

Das vorliegende Buch soll aufzeigen, was hinter dem wohlklingenden Phänomen „Neue Seidenstraße" steckt und wie sie sich auf Europa, speziell auf die EU rechtlich auswirkt und welche Gegenmaßnahmen die EU ergreifen kann, um einen eventuellen Druck Chinas hinsichtlich eines eventuellen Exports seiner Rechtsauffassung widerstehen zu können.

Da China sich als alte Kulturnation versteht ist es unabdingbar, die „alte Seidenstraße" von seiner Entstehung im alten Kaiserreich als Blaupause für spätere Entwicklungen bis zum heutigen Tag zu begleiten. Beleuchtet werden überdies auch wirtschaftliche Entwicklungen dieser beiden Weltregionen, wie auch die uns weitgehend noch unbekannten rechtlichen Grundlagen Chinas, und die

4

Gefahren, die sich so aus diesen Verflechtungen ergeben. Daraus sollen sich Überlegungen ergeben, inwieweit die EU bei möglichen Problemstellungen mit eigenen
Projekten gegensteuern kann.

Um dem Leser einen einfachen Einstieg in das chinesische Recht zu ermöglichen, werden nur die für die Prob-
lemstellung maßgeblichen wirtschaftsnahen Rechtsgebiete behandelt. Themen wie Menschenrechte, Strafrecht
und sonstige Rechtsgebiete für die China kritisiert wird,
sollen außen vorgelassen werden. Wichtig zu beachten
ist, dass es sich nur um einen ersten Einblick handeln soll
und demzufolge die einzelnen Rechtgebiete nicht in ihrer
vollen Tiefe analysiert werden können.

Da sich diese Publikation an ein Publikum innerhalb des
europäischen Rechtsgebietes richtet wurde – anders als
der Titel es vermuten lässt – auf eine genauere Betrachtung der deutschen bzw. europäischen Rechtsnormen
verzichtet.

2 Übersicht über China, die EU und die Seidenstraße

Im folgenden Abschnitt sollen zunächst die Beobachtungsgegenstände China, die EU und die Seidenstraße betrachtet werden. Dabei soll in Kürze auf bedeutende geschichtliche, topographische, wirtschaftliche und demographische Faktoren eingegangen werden.

2.1 China

Um China und die Dimensionen seines weltpolitischen Handelns zu verstehen, bedarf es eines Einblicks in seine gewaltige Historie und seiner aktuellen Lage. Die heutige Volksrepublik China ging aus einem 22 Jahre währenden Bürgerkrieg zwischen der nationalistischen Kuomintang und den siegreichen Kommunisten hervor. Ausgerufen von Mao Zedong, dem damaligen Vorsitzenden der

KPCh und späteren Staatspräsidenten fand das Land unter Strapazen wie dem „*Großen Sprung nach vorn*" und der „*Kulturrevolution*" in die Zukunft.

Jedoch hat China als Kulturraum eine weitaus längere und erfolgreichere Geschichte, die sich nachweislich bis zur Shang-Dynastie im 16. Jhd. v.Chr. in der heutigen Henan-Region nachverfolgen lässt.[4] Die vorangegangene Xia-Dynastie, deren Begründung sogar auf das Jahr 2000 v. Chr. vermutet wird, lässt sich jedoch nicht zweifelsfrei bestätigen.[5]

Mit rund 9,6 Millionen km² ist das in Ostasien liegende China das viertgrößte Land der Erde und mit rund 1,39 Milliarden Menschen die bevölkerungsreichste Nation der Welt.[6] Klimatisch reicht das Land von subarktisch geprägten Regionen im Norden, hin zu tropischen Regionen

---

[4] Staiger (2003), S. XI; S. 301.
[5] Ebenda, S. XI.
[6] The World Factbook (2021).

im Süden. Topografisch wird China durch Gebirgszüge im Westen und Tiefebenen im Osten beherrscht.

Mit einer Produktion von 3,7 Millionen Barrel/Tag Rohöl im Jahr 2018[7] ist China auch der viertgrößte Erdölproduzent der Erde - nach den USA, Saudi-Arabien und Russland. Daneben ist es mit 161,5 Milliarden Kubikmeter Erdgas im Jahr 2018[8] auch einer der größten Erdgasförderer der Welt. Außerdem fördert China Kohle, Eisen, Gold und Seltene Erden, dessen bekannte Weltreserven zu 97,5 % hier lagern.[9]

Anthropogeografisch ist China ein multiethnisches Land, welches durch eine Mehrheit von Han-Chinesen dominiert wird. Daneben gibt es im Norden Chinas Völker wie etwa die Mongolen oder die Mandschuren; im Westen die Uiguren und andere Turkvölker; im Südwesten Tibeter und im Süden die Zhuang. Teilweise leben diese Völker

---

[7] BP (2020), S. 16.
[8] Ebenda, S. 32.
[9] Drobe & Killiches (2014), S. 52.

in eigenen autonomen Gebieten wie Xinjiang im Westen Chinas oder der Inneren Mongolei im Norden des Landes. Insgesamt erkennt der Staat 56 Nationalitäten an.[10] Durch Migration, die durch die Regierung in Peking unterstützt wird, werden in angestammten Gebieten von Minoritäten mehr Han-Chinesen angesiedelt, um ethnische Rebellionen und separatistische Bewegungen zu verhindern und sie notfalls zu unterdrücken.[11] Dieser Prozess erfolgt vor allem in den Gebieten Xinjiang und Tibet – Gebiete, die erst vergleichsweise spät dem chinesischen Staatsgebiet einverleibt wurden. Medial sind dem interessierten Bürger im Westen tibetische Mönche, die sich selbst anzünden, Proteste gegen Einschnitte in die Demokratie in Hongkong und die *„chinesischen Umerziehungslager"* in Xinjiang bekannt.

---

[10] The State Council (2014): Ethnic Groups in China.
[11] The Economist (2013), Circling the wagons.

Auch sprachlich ist China sehr vielfältig. Neben der Amts-sprache Mandarin gibt es beispielsweise noch Kantone-sisch, welches vor allem in der südlichen Provinz Guang-dong (Kanton), und in den Sonderverwaltungszonen Hongkong und Macau gesprochen wird; sowie andere Sprachen wie Tibetisch oder Uigurisch.

Neben sprachlichen und ethnischen Diversitäten gibt es aber auch Unterschiede im Entwicklungsstand innerhalb des Landes. So ist der Human Development Index (HDI), der alljährlich von den United Nations (UN) herausgege-ben wird und von 0 – 1 reicht, für China bei 0,758 Punkten im Jahr 2019[12] verortet, was dem Grad einer höheren Entwicklung entspricht. Doch ist dieses hohe Maß nicht in allen Landesteilen gleich hoch. So ist der HDI in vielen Küstenprovinzen des Landes über dem nationalen Durchschnitt mit bis zu 0,881 Punkten verzeichnet. Dem-

---

[12] UNDP (2020): Latest HDI Ranking.

gegenüber gibt es weniger entwickelte Provinzen mit einem Entwicklungsstand von gerade einmal 0,5 – 0,6 Punkten im Westen und Südwesten des Landes, ausgehend vom Jahr 2019.[13]

2018 lebten 59,8 % der Bevölkerung Chinas in Städten[14]; hingegen waren es 1950 – ein Jahr nach Gründung der Volksrepublik – nur 13 %[15]. Es ist also eine Verstädterung des Landes in den letzten 70 Jahren zu beobachten, für dessen Ausmaß Europa 150 Jahre benötigt hat.[16]

„God is dead. Religion is gone" wurde Schülern im kommunistischen China der 1960er und 1970er beigebracht. Yang ist, ausgehend vom *„Report of Global Christianity 2011"*, jedoch der Meinung, dass China das Land mit der

---

[13] UNDP (2019): National HDI Report 2019: China, S. 49.
[14] Statista (2020): Degree of urbanization in China from 1980 to 2019.
[15] Seto (2013).
[16] Ebenda.

höchsten Anzahl von Christen werden wird.[17] De facto sind in China aber neben den mehrheitlich konfessionslosen Chinesen, traditionelle chinesische Religionen und der Buddhismus noch am weitesten verbreitet.[18] Der Konfuzianismus, der zwar weite Verbreitung in China findet, stellt eine Philosophie dar, jedoch keine Religion im westlich geprägten theistischen Sinne, die jedoch prägend für das eigene Selbstverständnis ist.[17]

2.2 Die EU

Die EU entstand mit dem Wirksamwerden des *„Vertrag von Maastricht"* am 01. November 1993. Ihre Wurzeln reichen jedoch bis zum Wirtschaftsverbund der Europäischen Gemeinschaft für Kohle und Stahl, welche durch den *„Vertrag von Paris"* am 18. April 1951 begründet

---

[17] Yang (2014), S. 567.
[18] Ebenda, 577.

wurde. Ausgehend von den Gründungsmitgliedern Frankreich, Italien, der Bundesrepublik Deutschland und den Beneluxstaaten wuchs die Gemeinschaft nach heutigem Stand und dem Ausscheiden Großbritanniens auf 27 Staaten an. Anders als China ist die EU kein Einheitsstaat, besitzt aber ähnlich wie andere demokratische und föderale Staaten Organe, die der Exekutiven, Legislativen und Judikativen zuzuordnen sind. Jedoch liegt erhebliche Macht bei den Einzelstaaten, die einzelnen Stimmen nach in einem europäischen Einzelstaat aufgehen sollten.[19]

Ihre Ziele beschreibt die EU wie folgt:

1. Förderung des Friedens, der europäischen Werte und des Wohlergehens ihrer Bürgerinnen und Bürger,

---

[19] Vgl. FAZ (2017): Schulz will Vereinigte Staaten von Europa bis 2025; Interview mit B. Simms.

13

2. Freiheit, Sicherheit und Rechtsstaatlichkeit ohne Binnengrenzen,

3. nachhaltige Entwicklung auf der Grundlage von ausgeglichenem Wirtschaftswachstum und Preisstabilität, einer wettbewerbsfähigen Marktwirtschaft bei Vollbeschäftigung, sozialem Fortschritt und Schutz der Umwelt,

4. Eindämmung sozialer Ungerechtigkeit und Diskriminierung,

5. Förderung des wissenschaftlichen und technologischen Fortschritts,

6. Stärkung des wirtschaftlichen, sozialen und territorialen Zusammenhalts und Solidarität zwischen den Mitgliedsländern,

7. Achtung ihrer reichen kulturellen und sprachlichen Vielfalt und

8. Gründung einer Wirtschafts- und Währungsunion, deren Währung der Euro ist.[20]

Ziele, die so auch von Einheitsstaaten verfolgt werden könnten.

Einen einheitlichen HDI-Wert für die EU gibt es nicht. Es lässt sich aber ein durchschnittlicher Wert von 0,869 Punkten für das Jahr 2018[21] berechnen. Damit würde die EU einen sehr hohen Stand der Entwicklung erreichen. Angetrieben durch Beitrittsgespräche mit Montenegro, Serbien und der Türkei und den Beitrittskandidaten Albanien und Nordmazedonien würde dieser Wert aber sinken. Auch innerhalb der Union ist eine weite Spanne der

---

[20] EU (Datum unbekannt): Ziele und Werte der EU.
[21] UNDP (2019): Human Development Report 2019, S. 22.

Werte zu beobachten. So sind etwa Irland und Deutschland mit 0,942 bzw. 0,939 Punkten sehr hoch entwickelt, Bulgarien und Rumänien liegen dahingehend mit jeweils 0,816 Punkten weit zurück.

Auf dem Gebiet der EU lagern eher geringe Mengen an verschiedenen Rohstoffen. Die 27 Mitgliedsstaaten sind vielmehr zu 70 – 80 Prozent von Rohstoffimporten abhängig[22], so das ehemalige Mitglied des EU-Parlaments Rübig, der insbesondere für Industrie, Forschung und Energie im Parlament zuständig war. Anhand der stetig sinkenden Förderung von Erdgas[23] und Erdöl[24] kann man darauf schließen, dass sich die Einfuhren auch für andere Rohstoffe wie Kohle und diverse Metalle und Mineralien erhöhen werden.

---

[22] Rübig (Datum unbekannt).
[23] Vgl. Statista (2020): Erdgasförderung der Europäischen Union in den Jahren von 1970 bis 2019.
[24] Vgl. Statista (2020): Erdölförderung der Europäischen Union in den Jahren von 1965 bis 2019.

Im EU-weiten Zensus von 2011 wurde eine Urbanitätsrate von 72 % ermittelt.[25] Ein weiterer Zensus ist für das Jahr 2021 geplant, aufgrund der gegenwärtigen Coronapandemie aber eventuell nicht zu realisieren. Der ermittelte Anteil der Stadtbevölkerung dürfte indes aber nur geringfügig steigen.[26] Innerhalb der EU dominiert nach Selbsteinschätzung der Bürger das Christentum (inklusive der verschiedenen Strömungen) mit 50 %. Andere Religionen wie der Islam oder das Judentum fallen nur gering aus. Für die Zukunft geht man von einem Absinken des Anteils von Christen in der Gesellschaft aus und einem gleichzeitigen prozentualen Anstieg von Muslimen und Nichtreligiösen.[27] Diese gesellschaftliche Änderung könnte zu politischen, rechtlichen und kulturellen Verwerfungen führen, die die Region nachhaltig verändert.

---

[25] EU (2014): Annex: The urbanisation of Europe and the World, S. 1.
[26] Ebenda.
[27] El-Menouar (Datum unbekannt).

17

2.3 Seidenstraße

Die Thematik der Entstehung der Seidenstraße lässt sich
in drei Segmente unterteilen. Zum einen muss die historische „alte" Seidenstraße wie wir sie aus den Geschichten
Marco Polos kennen beschrieben werden, da sie als An-
knüpfungspunkt für das heutige Selbstverständnis Chinas
dient. Durch ihren Untergang kann die Rückkehr Chinas
in den weltpolitischen und -wirtschaftlichen Fokus als ein
gesonderter Abschnitt gesehen werden, der wiederum in
den dritten Teil mündet, der sich mit der „neuen" Seidenstraße befasst.

2.3.1 Die Alte Seidenstraße

Die Seidenstraße stellt – wie man dem Namen nach ur-
teilen könnte – keine einheitliche Straße dar.
Vielmehr ist sie ein imaginäres Konstrukt, welches er-
schaffen wurde, um die Handelsbeziehungen zwischen
Europa und China zu beschreiben. Wann und wie der

Begriff „*Seidenstraße*" geprägt wurde, ist nicht ganz klar. Zwar wird er gemeinhin dem deutschen Geografen Ferdinand von Richthofen, der ihn 1877 geprägt haben soll, zugeschrieben. Doch kam der Begriff schon in früheren Aufzeichnungen[28] vor und ist somit nicht allein von Richthofen zu verdanken.

Die heutige Wissenschaft setzt den Startpunkt der Seidenstraße als Ausgangspunkt für Handelsbeziehungen zwischen China und Europa bei den in chinesischen Schriften niedergeschriebenen Reisen des Zhang Qian fest.[29] Dieser sollte während der Regierungszeit des Han-Kaisers Wu Di (141 – 87 v.Chr.) in dessen Auftrag an die Außengrenzen des damaligen Han-Reiches reisen, um eine Allianz mit dem Stamm der Yueh Zhi gegen die nomadisch und kriegerisch lebenden Xiongnu zu begrün-

---

[28] Vgl. Mertens (2019), S. 2.
[29] Rezakhani (2010), S 428.

den, welche das noch junge Reich des Öfteren bedroh-
ten.[30] Wu Di übernahm als erster Kaiser ein nach innen
geeintes chinesisches Reich, welches sich mit dem west-
römischen Reich messen konnte und welches sich sei-
nerzeit als Zentrum der Erde und seinen Herrscher als
„Sohn des Himmels" verstand.[31] Auf seiner langjährigen
Reise, die ihn zeitweise in Gefangenschaft der Xiongnu
brachte, kam Zhang Qian auch in Kontakt mit den damaligen Reichen Baktrien, Ferghana und dem der Parther.
Diese und andere Reiche, von denen er hörte waren zivi-
lisiert und keine Barbaren, wie die Chinesen erst annahmen. Er wusste um die Stellung von Waren *„Made in
China"* wie Bambus und Seide, die außerhalb Chinas sehr
begehrt waren. Er witterte also die Chance den chinesischen Einfluss in Sachen Kultur und Wirtschaft weiter
auszubauen. Sogleich entwickelte Wu Di Strategien diese

---

[30] Ebenda.
[31] Weller (2019), S. 1.

Länder miteinander auf direktem Wege zu vernetzen.[32] Neben ausgedehnten Handelswegen auf dem Land entstanden auch große Seeflotten, die mit großen Dschunken insbesondere unter dem Admiral Zheng He bis zu den Küsten Ostafrikas vordringen konnten.[33] Durch Naturkatastrophen und hohe Kosten konnten die Handelswege und die Flotte schon bald nicht mehr genutzt werden. Spätestens aber mit den Opiumkriegen, den *„ungleichen Verträgen"* und weiteren Bürgerkriegen im anfänglichen 19. Jahrhundert verlor China dann seinen Status als überlegene Land- und Seemacht[34], was sich tief in die kollektive Volksseele eingrub und noch heute einerseits als Schmach empfunden wird, andererseits aber als Ansporn dient, wieder auf der Weltbühne als treibende Kraft auftreten zu können.

---

[32] Drege (1996) S. 17.
[33] Ptak (2007), S. 257.
[34] Schmidt-Glintzer (2009); S. 15f.

2.3.2 Chinas Weg zurück auf die Weltbühne

Chinas Sprung zurück auf die Weltbühne lässt sich grob in vier Etappen einteilen.

Mit dem Tod von Mao Zedong 1976 endete auch die *„Kulturrevolution"*, die auch als *„10 Jahre des Chaos"* bekannt ist.[35] Sein faktischer Nachfolger wurde 1979 Deng Xiaoping. Er erlangte besonders durch seine Öffnungs- und Reformpolitik Berühmtheit. Neben politischen Erneuerungen bestand das Hauptziel darin, durch marktwirtschaftliche Reformen eine ökonomische Leistungssteigerung des Systems zu erreichen.[36] Dies erreichte er unter anderem durch die Rehabilitierung der intellektuellen Bevölkerungsschicht, der Errichtung von Sonderwirtschaftszonen

---

[35] Weigelin-Schwiedrzik (2016).
[36] Schmidt-Glintzer (2009); S. 97.

und der Öffnung des Marktes für ausländische Investitionen.[37] Seit dieser Zeit konnten in China 700 Millionen
Menschen aus der absoluten Armut befreit werden.[38]

Die zweite wichtige Etappe war der Beitritt zur WTO im
Jahr 2001. Durch die engere Einbindung in den internationalen Markt konnte China sein Wirtschaftswachstum er-
neut enorm steigern.[39]

2002 unternahm China den dritten Schritt, um zurück auf
die Weltbühne zu gelangen. Beim XVI. Parteitag der
KPCh wurde die *„Going-out"*-Strategie beschlossen.[40]
Diese sah ein größeres Engagement Chinas im Ausland
vor. In den darauffolgenden Jahren wuchs die Zahl der
Im- und Exporte kontinuierlich an.[41] 2010 wurde China die

---

[37] Ebenda, S. 98.
[38] China Heute (2019): In vier Jahrzehnten 700 Millionen
Menschen aus der Armut befreit – Was ist Chinas Er-
folgsre-　zept?.
[39] BDI (2020): China in der Welthandelsorganisation.
[40] KPCh (2002).
[41] Statistisches Bundesamt (2020), S. 9.

größte Exportnation der Welt.[42] Als Rückbesinnung auf alte Handelstraditionen bekräftigt China auch immer wieder die eigene *„win-win"*-Politik.[43] Diese friedliche Koexistenz, die für beide Handelsparteien ein Gewinn sein soll, wird auch immer wieder im Rahmen der BRI bekräftigt, die auch den vierten abschließenden Schritt zurück auf die Weltbühne darstellt.

2.3.3 Die Belt and Road Initiative

Auf einer mehrtägigen Reise durch Zentralasien hielt der neue Staatspräsident Chinas, Xi Jinping, eine in China vielbeachtete Rede. An der Nazarbajew-Universität im kasachischen Nur-Sultan kündigte er den Bau eines *„Silk Road Economic Belt"* an, deren Ziel es sein sollte, den zentralasiatischen Raum politisch und wirtschaftlich zu

---

[42] Miller & Walker (2010).
[43] Vgl. Sutter (2006).

stabilisieren.[44] Diese Idee zur Stabilisierung war aber keineswegs neu. Schon die USA versuchten – angelehnt an die Vorarbeit Zbigniew Brzezińskis – unter Präsident Bill Clinton 1999 den *„Silk Road Strategy Act"* auf den Weg zu bringen.[45] 2011 versuchte auch seine Frau, die damalige US-Außenministerin Hillary Clinton, eine *„New Silk Road Initiative"* ins Leben zu rufen.[46] Beide außenpolitische Versuche scheiterten jedoch vornehmlich an der fehlenden Kenntnis über die Eigenarten dieser Region. Dadurch, dass Xi immer wieder vom *„Großraum Eurasien"* sprach, konnte man frühzeitig erkennen, dass das langfristige Ziel die Öffnung nach Europa war.[47] Im Oktober des gleichen Jahres kündigte er dann bei einem Treffen mit südostasiatischen Staaten in Jakarta die *„maritime*

---

[44] Godehardt (2014), S. 8.
[45] US Congress (1999-2000): Silk Road Strategy Act of 1999.
[46] New Dehli Television (2017).
[47] Godehardt (2014), S. 8.

Seidenstraße" an. Beide Begriffe konnten so zur Bezeichnung *„One Belt, One Road"* verschmelzen, welche dann aber aus Imagegründen in *„Belt and Road"* umbenannt wurde.[48] In seinem Aufsatz *„Marching Westwards"* mahnt auch Wang an, dass China sich im Wettbewerb mit anderen Großmächten nicht nur auf seine eigenen Grenzen beschränken darf und führt deshalb die alte Seidenstraße als Blaupause für eine neue Geostrategie an.[49] Wie auch bei Xis Begriff von Eurasien, bleibt Wang eine genaue Eingrenzung seiner Strategie schuldig. Das ist für Peking allerding nicht schlecht, da man nun all seine ausländischen Wirtschaftsvorhaben unter der wohlklingenden Bezeichnung *„Seidenstraße"* vermarkten kann. Ein genaues Zeit- und Kostenfenster ist schließlich auch nicht erkennbar. An der Finanzierung der einzelnen Projekte sind ver-

---

[48] Vgl. Bērziņa-Čerenkova (2016).
[49] Wang (2014).

schiedene Großbanken Chinas, chinesische Entwick-
lungsbanken und ein eigens aufgelegter Seidenstraßen-
fond beteiligt.[50] Europas finanzieller Einfluss auf die Seidenstraße kann sich besonders durch die Asiatische Inf-
rastrukturinvestmentbank (AIIB) auswirken. Die AIIB
wurde 2015 von China als Gegenmodell zur Weltbank
und dem Internationalen Währungsfonds gegründet. Mitglieder sind auch EU-Mitgliedsstaaten, wie Deutschland
oder Frankreich.[51] So vielfältig die Mitglieder der AIIB
sind, so vielfältig sind auch die Projekte, die China als
„Seidenstraße" deklariert. Neben Infrastrukturmaßnahmen im asiatischen und europäischen Raum sind diese
auch in Afrika oder Südamerika zu finden. Neben klassischen Infrastrukturmaßnahmen wie dem Bau von Stra-

---

[50] Statista (2016): Anteil der Finanzquellen an der Finanzierung der Belt and Road Initiative.
[51] AIIB (Datum unbekannt): Members and Prospect Members of the Bank.

ßen, Bahntrassen, Häfen, Flughäfen und Energieleitungen, werden auch kulturelle und diplomatische Maßnahmen wie Gipfeltreffen und Kulturzentren[52] als Teil der Seidenstraße gesehen. Die Regierung selbst formuliert ihre Ziele wie folgt:

1. Uneingeschränkter Handel: Beseitigung von Investitions- und Handelshemmnissen, Ausweitung der gemeinsamen Handels- und Investitionsbereiche, grenzüberschreitender E-Commerce und andere moderne Geschäftsmodelle und Zusammenarbeit bei Umweltschutzmaßnahmen.

---

[52] Beispiele sind diverse Seidenstraßengipfel wie der Belt & Road Summit oder der Aufbau von Konfuzius-Instituten und anderen Kultureinrichtungen.

28

2. Infrastrukturmaßnahmen: Gegenseitige Achtung der Souveränitäts- und Sicherheitsinteressen der involvierten Länder, um gemeinsam den Bau eines internationalen Fernverkehrsnetzes zwischen Asien, Afrika und Europa zu bilden.

3. Politische Koordinierung: Kommunikation und Politikaustausch zur Stärkung des gegenseitigen Vertrauens, Strategien zur wirtschaftlichen Entwicklung und einer regionalen Kooperation.

4. Integration in Finanzfragen: Erweiterung bilateraler Währungsswaps, Entwicklung des asiatischen Anleihemarktes und internationale Emission von in Renminbi gehandelten Anleihen.

5. Kultureller Austausch: Austausch zwischen Wissenschaftlern, Studenten, politischen Par-

teien, Parlamenten, Städten, NGO, sowie Zusammenarbeit bezüglich Tourismus, Sport, Ge-
sundheit, Medizin und Kultur.[53]

---

[53] NDRC et al. (2015).

3 Kooperation zwischen China und Europa

In diesem Kapitel werden einerseits die aktuellen Handelsbeziehungen zwischen China und Europa erläutert, welche einerseits die wirtschaftliche Entwicklung Chinas und die Leistungsbilanzen beider Weltregionen betrachtet und anderseits die Entwicklung gegenseitiger Investitionen in den Fokus rückt.

3.1 Aktuelle Handelsbeziehungen zwischen den Regionen

Dieser Unterpunkt soll zunächst die wirtschaftliche Entwicklung Chinas von einem klassischen Entwicklungsland hin zu einer bedeutenden globalen Wirtschaftsmacht nachzeichnen. Zusätzlich soll in einem weiteren Schritt anhand von Leistungsbilanzen die Zusammenarbeit Chinas und der EU erläutert werden.

31

3.1.1 Chinas wirtschaftliche Entwicklung

China, lange Zeit als Billigland verschrien, ist die zweitgrößte Volkswirtschaft der Welt. Bedingt durch die Coronakrise gehen einige Experten davon aus, dass die Volksrepublik schon 2028 den ersten Platz einnehmen könnte.[54] Gemessen an der Kaufkraft hat das ostasiatische Land ihn seit 2014 schon.[55] Dies liegt mitunter auch an den steigenden Löhnen. Schon 2012 schrieb „*The Economist*" davon, dass die Löhne sich innerhalb der nächsten acht Jahre – also bis 2020 verdoppeln oder gar verdreifachen könnten.[56] Tatsächlich stiegen die durchschnittlichen Jahresgehälter von 1978 – dem Anfang der Öffnungspolitik – bis 2019 von rund 52,77 USD auf

---

[54] BBC News (2020): Chinese economy to overtake US 'by 2028' due to Covid.
[55] Bird (2014).
[56] The Economist (2012): The end of cheap China.

6509,53 USD.[57] Ein Anstieg von über 12.000 %. Im prognostizierten Zeitraum lag die Steigerung bis 2019 bei rund 72 %. Zwar lässt sich diese Lohnentwicklung nicht auf die breite Masse übertragen, doch zeigt sie deutlich, dass zum einen der Wohlstand in China wächst und zum anderen, dass die Produktivität, die solche Löhne rechtfertigen würde, ansteigt.

Dieser Produktivitätsschub, der zeigt, dass China nicht mehr die „*Werkbank der Welt*" sein wird, zeigt sich am raschen Fortschritt im Hightech-Bereich. Zunehmend setzt China statt auf arbeitsintensive Produkte sein Augenmerk auf hochwertige Güter aus dem Hightech-Segment. Chinesische Firmen wie Alibaba, Tencent oder Baidu drängen zunehmend an die Weltspitze. In den Jahren von 2000 bis 2018 haben sich die Staatsausgaben im Bereich

---

[57] Statista (2020): Jährliches Pro-Kopf-Einkommen der Haushaltsmitglieder in China in den Jahren 1978 bis 2019.

33

Forschung und Entwicklung von 39,9 Milliarden USD auf 462,6 Milliarden USD mehr als verelffacht.[58]

Kennzeichnend für Pekings Wirtschaftspolitik ist ein Modell, das Bernstein und Munro als „staatlichen Kapitalismus" bezeichnen. Ziel dabei ist es, den Wettbewerb so zu verzerren, dass es China nützlich ist. Indirekte Subventionen spielen hierbei eine große Rolle und spiegeln sich in unterschiedlichen Arten wider. Exportorientierte Unternehmen sind so häufig von Sozialabgaben, wie sie etwa in der EU vorkommen, befreit. Des Weiteren erhalten sie Rohstoffe und Energie unterhalb der marktüblichen Preise. Ebenso werden auf lokaler Ebene staatliche Kredite zu günstigen Zinsraten oder mit dem völligen Verzicht auf eine Rückzahlung ausgegeben.[59]

---

[58] OECD (Datum unbekannt): Gross domestic spending on R&D.
[59] Bernstein & Munro (1997), S. 172ff.

Mit einem Wirtschaftswachstum der Volksrepublik im Vor-
Corona-Jahr 2019 von 6,1 %[60] ist es zwar noch eins der
höchsten in der Welt, doch kann das Land nicht mehr an
zweistellige Prozentpunkte, die noch in den 2000er Jahren erreicht wurden, anknüpfen. Vielmehr geht die Weltbank davon aus, dass das Wachstum trotz einer raschen
Erholung von den Pandemieauswirkungen in den nächsten Jahren noch weiter schrumpfen wird.[61]

Ein Grund hierfür könnte die demographische Entwicklung aufgrund der damaligen Ein-Kind-Politik sein, die
1979 eingeführt wurde, um das Bevölkerungswachstum
zu kontrollieren. Sie galt bis Oktober 2015 und führt nun
zu einer Überalterung der chinesischen Bevölkerung und
einen dahingehenden Mangel an jungen Menschen, die

---

[60] Statista (2020), China: Wachstum des realen Bruttosozialproduktes (BIP) von 1980 bis 2019 und Prognosen bis
2025.
[61] Worldbank (2021), S.72.

auf den Arbeitsmarkt drängen, was zu einem zwangsläu-
figen Rückgang des BIP führen muss. Eine rasche
Trendumkehr durch eine veränderte Familienpolitik ist
kurz- bis mittelfristig eher nicht zu erwarten.

3.1.2 Handels- und Leistungsbilanzen

Gestützt auf Chinas geostrategische Überlegungen, der
politischen Einheit durch die KPCh, der rasanten ökonomischen Entwicklung und dem umfangreichen Humanka-
pital kommt China eine große Rolle in den Handelsbeziehungen mit der EU zu. Dies lässt sich besonders gut am
Gesamthandel der EU[62] ablesen. Dieser wies 2019[63] laut
Europäischer Kommission ein Volumen von rund 3.600

---

[62] Da der Brexit 2019 noch nicht abgeschlossen war fließen hier die Handelszahlen des Vereinigten Königreiches
noch   in die der EU mit ein.
[63] Aufgrund der Corona-Pandemie und den sich daraus
ergebenen veränderten Handelsströme wurde ein Jahr
gewählt,   in dem mit Zahlen unter Normalbedingungen
zu rechnen ist.

Milliarden Euro[64] auf. Der nachfolgenden Abbildung lässt sich entnehmen, dass China 2019 mit 21 % weit vor den USA den größten Anteil aller EU-Importe ausmacht. Die Summe der Gesamtimporte aus Nicht-EU-Ländern betrug 1.700 Milliarden Euro. Auf China entfielen so Importe mit einem Warenwert von ca. 362 Milliarden Euro. Auf der Exportseite ist China hingegen nach den USA, die einen Anteil von 21 % aufweisen, mit einem elfprozentigen Anteil bzw. einem Warenwert von 198 Milliarden Euro auf Platz zwei der größten Abnehmerländer für EU-Produkte. Anlässlich der vergangenen Wachstumsraten[65] ist davon auszugehen, dass sich der Handel mit China noch weiter ausdehnen wird. Zwar hat laut der BBC[66] und anderen

---

[64] EU (2020): Client and Supplier Countries of the EU27 in Merchandise Trade.
[65] Vgl. EU (2020): EU-China trade and investment relations in challenging times, S 12.
[66] Vgl. BBC (2021), China overtakes US as EU's biggest trading partner.

Medien die Volksrepublik die USA als größten Handels-
partner der EU im Jahr 2020 abgelöst, doch ist dies hinsichtlich der wirtschaftlichen Verwerfungen bedingt durch
die Coronakrise und der Umgang mit dieser mit Vorsicht
zu begegnen.

Importe

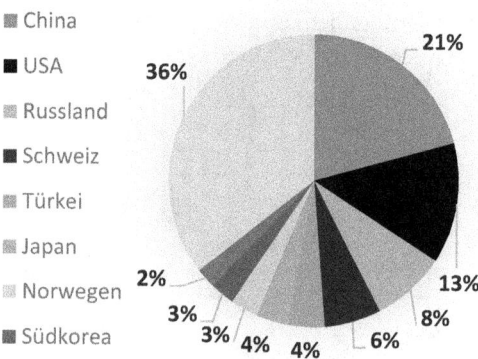

- China
- USA
- Russland
- Schweiz
- Türkei
- Japan
- Norwegen
- Südkorea

21%

36%

13%

8%

6%

4%

4%

3%

3%

2%

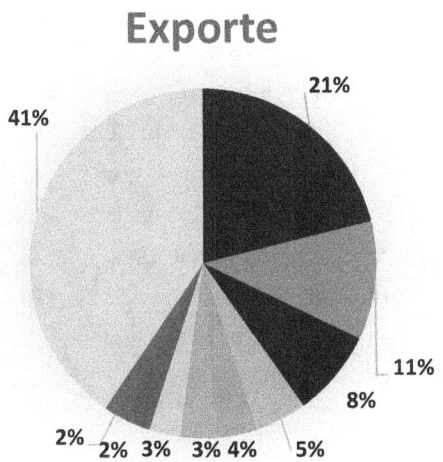

Abb.1: Außenhandel der EU, 2019. Darstellung durch Autor nach Angaben der Europäischen Kommission.

Bei der Betrachtung der größten chinesischen Handels-
partner (Abb. 2) fällt auf, dass die Volksrepublik sich auf
der Importseite auf mehrere Staaten stützt. Seine Haupti-
mporte bezieht sie dabei zu 14 % aus der ASEAN-Ge-
meinschaft, zu der sich zehn südostasiatische Länder zu-
sammengeschlossen haben. Mit 13 % folgt die EU. Im
gleichen Handelszeitraum entfielen 17 % der Exporte die
China tätigte auf die EU. Chinas Gesamthandel belief sich
dabei auf 4.578 Milliarden US-Dollar.

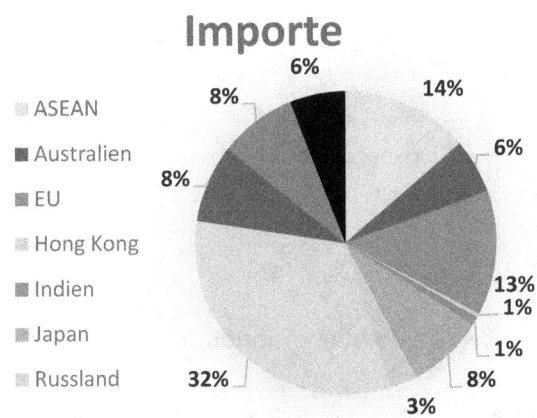

Abb. 2: Außenhandel China, 2019. Darstellung durch Autor nach Daten des China Yearbook 2020[67].

Festzustellen ist ein Handelsdefizit zu Lasten der EU in Höhe von 164 Milliarden Euro.

---

[67] China Yearbook (2020): International Trade in Goods by Country (Region) of Orign/Destination (2019).

Die EU importiert insbesondere Telekommunikationspro-
dukte, Anlagen zur Datenverarbeitung, Haushaltswaren
und andere Elektronikgeräte aus der Volksrepublik. Diese
wiederum importiert aus der EU vornehmlich Autos und
Ersatzteile, Flugzeuge und das dazugehörige Equipment,
sowie Maschinen.[68]

3.2 Regionale Investitionen

Nachfolgend sollen chinesische Investitionen in Europa
bzw. der EU aufgezeigt werden und vice versa.

---

[68] Eurostat (2021): China-EU - international trade in
goods statistics.

3.2.1 Chinesische Unternehmungen in Europa und der EU

Mit rund 3,2 Billionen USD im Jahr 2019[69] ist China im Besitz der größten Devisenreserven der Welt. Mit diesen Reserven ist Peking in der Lage global als Investor aufzutreten. Diese Investitionen erlauben es dem Land zum einen seinen Rohstoffbedarf und Zugang zu benötigten Technologien zu sichern, sowie seine eigene globale Marktposition auszubauen. Auf EU-Ebene übernahm so die chinesische Cosco Pacific Ltd. 2008 den griechischen Containerhafen Piräus, um Osteuropa für den eigenen Handel zu öffnen.[70] Nachfolgend (Abb. 3) zeigt sich die Anzahl und die Summe der Investitionen in den Jahren 2006 bis 2019, die von China in Europa getätigt wurden. Ihren Höhepunkt fanden sie 2016 mit 306 Investitionen in Höhe von rund 85,8 Milliarden USD. 2019 wiesen die FDI

---

[69] Statista (2021): Währungsreserven von China von 2010 bis 2020.
[70] Höhler (2008).

(Foreign Direct Investmens) nur noch 17,3 Milliarden USD verteilt auf 182 Einzelinvestment auf.

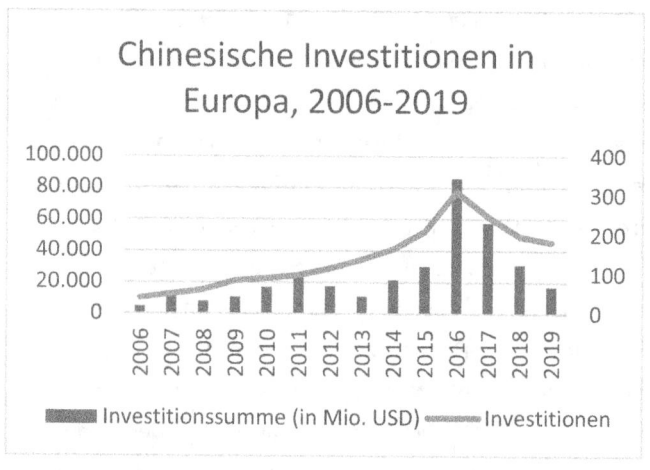

Abb. 3: Chinesische Investitionen in Europa, 2006-2019. Darstellung durch Autor, Daten nach EY.

Die Grafik zeigt, dass die Transaktionen in den darauffolgenden Jahren schrittweise zurückgingen. Hauptzielländer sind Großbritannien, Deutschland und Schweden.[71] Interessante Branchen sind dabei Handel, Industrie und der High-Tech-Sektor.[72]

---

[71] Ernst & Young (2020), S. 7.
[72] Ebenda, S. 8.

Zielunternehmen	Branche	Land	Transaktionssumme (in Mio. USD)	Investor
Greene King	Nahrungsmittel; Gastgewerbe	Großbritannien	5.562	CK Asset Holdings Ltd
Daimler AG (5% Anteil)	Automobile	Deutschland	2.883	Beijing Automotive Group Co Ltd

Global Switch Holdings Ltd (24% Anteil)	Re-chen-zen-tren	Großbri-tannien	2.199	Jiangsu Shagang Group Co Ltd
NEVS (51% Anteil)	Auto-mobile	Schwe-den	930	Ever-grande Group
Deut-sche Hospi-tality	Gast-ge-werbe	Deutsch-land	804	Huazhu Group Ltd
Asteel-Flash Group	EMS	Frank-reich	452	USI Enter-prise Ltd

KLG Europe Eersel	Logis-tik	Nieder-lande	421	Sinotrans Ltd
Free-port McMo-Ran Inc (Kup-fer)	Roh-stoffe	Serbien	390	Zijin Mi-ning Group Co Ltd
Swiss Educa-tion Group (51% Anteil)	Bil-dung	Schweiz	275	Sichuan Shuangma Cement Co (u.a.)

Tab. 1: Größte chinesische Unternehmensbeteiligungen in Europa [Stand: Feb. 2021]. Darstellung durch Autor, Daten nach EY.

49

Die Tabelle (Tab. 1)[73] stellt die größten Unternehmensbe-teiligungen nach Investitionsvolumen dar, die China in Europa und der EU tätigte. Es zeigt sich, dass Peking be-sonders noch vor der Mobilität in den Bereichen der Kon-sumgüter und der Dienstleistung versucht Einfluss zu ge-nerieren. Mit Engagements bei der Global Switch Holding und der Asteel Flash Group sind auch Unternehmen in der Informationstechnologie für die Volksrepublik von In-teresse. Es lässt sich außerdem beobachten, dass die In-vestitionsbereitschaft staatlicher Betriebe mehr und mehr zurückgeht und stattdessen private Investoren einen sig-nifikanten Anteil an FDI in Europa und der EU hinzuge-winnen. Im Jahr 2019 machten staatliche FDI nur einen Anteil von 11,6 % der Investitionssumme aus. Knapp 10

---

[73] Ebenda S. 9.

50

Jahre vorher – 2010 – hatten die Staatsbetriebe noch einen Anteil an den FDI von rund 85 %.[74]

3.2.2 Europäische Unternehmungen in China

„EU FDI in China remains relatively modest with respect to the size and the potential of the Chinese economy."[75] – so beschreibt im Hinblick auf das geplante Comprehensive Agreement on Investment (CAI) die EU-Kommission ihr Investitionsverhalten in China. Mit diesem Abkommen, das 2022 ratifiziert werden soll, erhofft sich die EU einen verbesserten Zugang zum chinesischen Konsumenten.[76]

---

[74] Statista (2020): Value of Chinese Foreign Direct Investment to EU-28 from 2010 to 2019, by ownership of investment.
[75] EU (2020): Key elements of the EU-China Comprehensive Agreement on Investment.
[76] Ebenda.

In einem späteren Punkt dieser Arbeit werden die momentanen Möglichkeiten für ausländische Investoren auf dem chinesischen Markt ausführlicher betrachtet.

Insgesamt konnte China mit knapp 136 Milliarden USD 2019 die USA als begehrtestes Zielland für FDI ablösen.[77] Über die letzten 20 Jahre hat die EU 140 Milliarden Euro in China investiert – 20 Milliarden mehr als es China im selben Zeitraum tat.[78] Die größten Investoren aus dem EU-Raum sind die Niederlande (1,8 Milliarden USD), Deutschland (1,7 Milliarden USD) und Frankreich (0,8 Milliarden USD) und außerhalb der EU die Schweiz (0,8 Milliarden USD).[79]

Die nachstehende Tabelle (Tab. 2) zeigt die größten Zielsektoren ausländischer Investitionen in der Volksrepublik.

---

[77] BBC (2021): China takes new foreign investment top spot from US.
[78] Die Bundesregierung (2021): China öffnet sich für europäische Unternehmen.
[79] China Yearbook (2020): Foreign Direct Investment by Country (Region).

Dabei ist festzustellen, dass die größten Investitionssummen noch immer in die Produktion von Gütern fließen. Weitere große Geldströme fließen in die Bereiche der Technologie und der Forschung.

Für europäische Unternehmen ist China ein immenser Wachstumsmarkt. Die untere Abbildung (Abb. 4) verdeutlicht es auf unterschiedliche Arten. Zum einen kann man etwa herauslesen, dass europäische Unternehmen im Bereich der Konsumwaren mit 120 Milliarden Euro besonders stark vertreten sind, gefolgt von Unternehmen aus der Energiebranche (99 Milliarden Euro). Zum anderen werden anhand vom Anteil an den Einnahmen am Gesamtgeschäft und von den totalen Einnahmen in China die 20 größten Unternehmen beleuchtet.

Sektor	Investments	Investitions-summe (in USD)
Produktion	5936	35,37 Milliarden
Leasing/Business-Service	5777	22,07 Milliarden
Informationstech-nologie	4295	14,68 Milliarden
Forschung/techn. Entwicklung	5183	11,17 Milliarden
Groß- und Einzel-handel	13837	9,05 Milliarden

Tab. 2: FDI in China, 2019. Darstellung durch Autor, Daten nach China Yearbook 2020.[80]

---

[80] China Yearbook (2020): Foreign Direct Investment by Sector (2019).

54

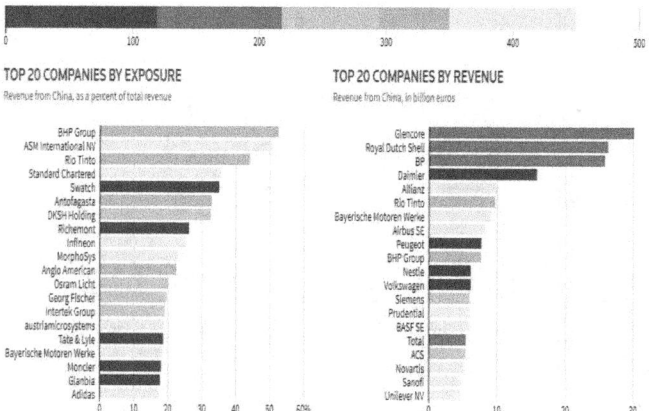

Abb. 4: Europäische Unternehmen in China, Darstellung durch Reuters.[81]

---

[81] Desrayaud (2020).

55

Die dargestellten Verknüpfungen zwischen der EU und China stellen nun die Frage in den Raum, inwieweit die rechtlichen Gegebenheiten vorhanden sind, die es der EU ermöglichen, sich rechtlich gegen die Volksrepublik zu behaupten. Um dies zu beantworten, soll im nachfolgenden Abschnitt der Arbeit ein Blick auf das chinesische, sowie das internationale Wirtschaftsrecht getätigt werden.

4 Rechtliche Rahmenbedingungen

Im folgenden vierten Kapitel soll zunächst auf die mögliche Bedrohung durch das *„chinesische Model"*, also einem Export des politischen und rechtlichen Systems eingegangen werden. Um diese möglicherweise bestehende Bedrohung näher zu betrachten, sollen zum einen chinesische und darüber hinaus auch internationale Rechtsnormen betrachtet werden, um die These einer Bedrohung ausreichend überprüfen zu können.

4.1 Der Export des „China-Models"

Neben dem Export wichtiger Güter und Dienstleistungen sehen westliche Staaten und Medien die Gefahr, dass auch das chinesische Staatssystem mit in die westliche Welt hineingetragen wird. Einen Anstoß zu solch einer Befürchtung lieferte Xi Jinping auf dem 2017 abgehaltenen XIX. Parteikongress der KPCh, auf dem er für weitere fünf Jahre zum Generalsekretär der Partei gewählt wurde, in seiner Antrittsrede. In Bezug auf die Erfolge des „chinesischen Sozialismus" sagte er: „[...] *It offers a new option for other countries and nations who want to speed up their development while preserving their independence; and it offers Chinese wisdom and a Chinese approach to solving the problems facing mankind."*[82]. Diese Überlegung seinerseits veranlasste ihn aber – hervorgerufen durch Debatten über die Bedeutung dieser Aussage – seinen Gedanken dazu neu zu formulieren. Denn einen Monat später sagte er in seiner Rede vor hohen politischen Würdenträgern: „*We do not want to "import" models from other countries, nor do we want to "export" the Chinese model, still less will we ask other countries to copy the Chinese practice."*[83] Solche und ähnliche Aus-

---

[82] Xi (November 2017).
[83] Xi (Dezember 2017).

58

sagen, die das „chinesische Model" als Lösung der Probleme in der Welt anbieten sind bei öffentlichen Gipfeltreffen mit chinesischer Beteiligung immer wieder zu vernehmen. Wie genau dieses Model aber zu definieren ist und was es von anderen, etwa dem westlichen, Model unterscheidet wird dabei nicht klar.

McGregor beschreibt das chinesische System folgendermaßen: „*The Chinese system, which combines a Leninist-style party with a centuries-old bureaucratic culture, can't easily be replicated elsewhere. What Mr. Xi is really promoting is something else: the idea that authoritarian political systems are not only legitimate but can outperform Western democracies.*"[84]. China könnte demnach nicht bestrebt sein, sein Model zu exportieren. Vielmehr möchte es bestehende autoritäre Regime stützen und aufbauen. Ein Hinweis dazu könnte zum Beispiel Chinas

---

[84] McGregor (2018).

59

Verhalten vor der UN sein. 2019 versuchten die USA und 21 weitere westliche Demokratien China für seinen Umgang mit den Uiguren in Xinjiang zu verurteilen. China schaffte es jedoch mehr als 50 zumeist autoritär geführte Staaten hinter sich zu sammeln, die die chinesische Praxis unterstützten.[85] Diese Unterstützer kann es in strukturschwachen Ländern etwa durch Kredite in Infrastrukturprojekte gewinnen. Im März brachte das Kieler Institut für Weltwirtschaft eine Studie[86] heraus, die aufzeigt an welche politischen und wirtschaftlichen Bedingungen solche Kredite geknüpft sind. Diese Kredite könnten wiederum die Entwicklung der Länder in Bereichen der Korruptionsbekämpfung oder der Stärkung der Arbeitsrechte verlangsamen. In den folgenden Punkten wird deshalb auf vereinzelte wirtschaftsbezogene Rechtsgebiete eingegangen, die zur Überprüfung dieser These dienlich

---

[85] Charbonneau (2019).
[86] Vgl. How China Lends: A Rare Look into 100 Dept Contracts with Foreign Government.

sein können. Eine solche Annäherung an das chinesische System, vor allem wenn dadurch noch weitere wirtschaftliche Folgeaufträge ausgehandelt werden, kann auch die Legitimation der KPCh im eigenen Land gestärkt werden, wenn das Volk sieht, dass andere Länder – angetan von Chinas wirtschaftlicher Entwicklung oder aus purer Vertragstreue – dem chinesischen Weg folgen. Die Volksrepublik sendet aber auch, ähnlich wie westliche Staaten Experten in andere Länder, um dort seine Sichtweisen zu verbreiten. So beschreibt Kurlantzick in seinem Buch *„How China's Soft Power is Transforming the World"* wie das ostasiatische Reich in Bereichen der Kultur, der Wirtschaft, der Politik oder auch in militärischen Aspekten ausländische Führungskräfte in Asien, Afrika und Lateinamerika im jeweiligen Bereich unterrichtet. Welche

Früchte diese Anstrengungen tragen, lässt sich zum Beispiel an der Ausbreitung der Internetzensur in Ostafrika[87], der Gesichtserkennung in kasachischen öffentlichen Verkehrsmitteln[88] oder der Kameraüberwachung durch Polizei und Nachrichtendienste in Ecuador[89] erkennen.

Wie schon am Anfang dieses Punktes erwähnt, bedarf es jedoch einer Analyse des chinesischen Rechtssystems, um einerseits das chinesische Model besser verstehen zu können und anderseits Gefahren und Lösungen, die auch die EU und Deutschland betreffen könnten, zu erkennen.

---

[87] Vgl. Freedom House (2017): East African States Adopt China's Playbook on Internet Censorship.
[88] Vgl. Rickleton (2019): Kazakhstan embraces facial recognition, civil society recoils.
[89] Vgl. Mozur, Kessel, Chan (2019): Made In China, Exported To The World: The Surveillance State.

4.2 Einführung in das chinesische Recht

Nachfolgend soll auf die historische Entwicklung des chinesischen Rechts geblickt werden, um dann einzelne für die wirtschaftliche Entwicklung maßgebende Rechtsgebiete zu schauen.

4.2.1 Entwicklung des chinesischen Rechts

Gemeinhin wird das chinesische Rechtssystem vom westlichen Beobachter eher kritisch gesehen. Vor allem eine unabhängige Justiz, die häufig angewandte Todesstrafe – man schätzt sie auf Tausende pro Jahr[90] – und Menschenrechtsverletzungen werden oft von westlichen Regierungen, Nichtregierungsorganisationen und Medien angeprangert.

---

[90] Amnesty International (2020), S.3.

Doch ist das chinesische Rechtssystem mehr als nur das. Vielen Menschen außerhalb Chinas bleibt aber ein genauerer Einblick mangels Sprachbarriere verwehrt.

Trotz großer Entwicklungen in der chinesischen Rechtsordnung gibt es einige Debatten darüber, ob und wie sich China in einen Rechtsstaat nach westlichem Vorbild wandeln könnte. So sieht etwa Backer in einem Aufsatz, dass die KPCh durch politische Kampagnen im Rahmen der 2002 von Jiang Zemin erlassenen *„Dreifachen Repräsentation"* die rechtliche Entwicklung durchaus fördern kann.[91] Peerenboom gibt zu bedenken, dass das chinesische Recht sich zwar weiterentwickeln wird, diese Entwicklung aber nicht nach westlichem Vorbild, sondern nach *„asiatischen Werten"* ausgerichtet sein wird.[92] Die Ideologie der *„asiatischen Werte"* ist dabei ein von China

---

[91] Backer (2006), S. 103.
[92] Peerenboom (2009), S. 558ff.

und einigen Ländern Südostasiens postulierter Gegenentwurf zum westlichen demokratischen Wertekatalog,
die anders als im Westen auf eine Anerkennung eines pa-
ternalistischen Staates , sowie Harmonie und Konsens
abzielt.[93] Er geht dabei von einer *„thin theory of rule of
law"* aus, bei der das Recht nicht nur als Instrument gesehen wird, sondern die KPCh sich auch gewissen Regeln unterwerfen muss. Eine Weiterfassung wäre die
„thick theory of rule of law" bei der noch Elemente wie politische Moral, Menschenrechte und ein freier Markt einfließen.[94]

Mit der Gründung der Volksrepublik 1949 wurden alle Gesetze aus der kurzen Republikzeit mithilfe des allgemeinen Programms der *„Politischen Konsultativkonferenz
des chinesischen Volkes"* getilgt. In den ersten Jahren
nach der Gründung wurden nur einige Normen bezüglich

---

[93] Vgl. Ernst (2009).
[94] Peerenboom (2009), S. 558ff.

des Staatsaufbaus des noch jungen Staates verabschiedet.[95] Danach folgte eine lange Zeit legislativer Inaktivität.
Zwischen 1957 und 1978 wurde kein einziges Gesetz er-
lassen.[96] Zivilrechtliche Streitigkeiten wurden in dieser
Zeit durch Schlichtung beigelegt. Wie man mit strafrecht-
lichen Situationen, die nicht als konterrevolutionär ange-
sehen wurden umgegangen ist, ist weitestgehend unklar,
da auch eine rechtliche Ausbildung zu dieser Zeit fast vollständig ausblieb.[97]

Der Wendepunkt in der legislativen Entwicklung Chinas
kam ebenfalls 1978 mit der Reform- und Öffnungspolitik
Deng Xiaopings. Getrieben wurde diese rasante Entwicklung innerhalb der Gesetzgebung durch die Not nach Re-
gulierungen. Dengs Öffnung für ausländische Investoren
und Unternehmen forderte eine gewisse Rechtssicherheit
in den Bereichen des Zivil-, Straf- und Verwaltungsrechts.

---

[95] Bu (2009), S. 2, Rn. 2.
[96] Ebenda.
[97] Ebenda.

Zwar wurden in dieser Umbruchphase viele Gesetze verabschiedet, doch mangelte es diesen aufgrund des hohen Tempos ihrer Ausarbeitung häufig an der nötigen Qualität, sodass viele Gesetze nur zur *„vorläufigen Verwendung"* Anwendung fanden.[98]

Allgemein verfolgt der chinesische Gesetzgeber auch einen Pragmatismus und rührt heikle Themen ungern an oder behandelt sie nur rudimentär. So wird noch oft nach der Tradition *„Ein grobes Gesetz ist besser als ein detailliertes."* gehandelt. Das hat den Hintergrund, dass der Gesetzgeber befürchtet, dass Gesetze, die zu detailliert sind aufgrund des schnellen wirtschaftlichen Wachstums und auch der damit einhergehenden Änderung des gesellschaftlichen Lebens schnell nicht mehr ausreichen.[99]

Um das Problem der unzureichenden Gesetze, die sich oft auch widersprechen oder vom Gesetzgeber schnell

---

[98] Ebenda, S. 3, Rn. 4.
[99] Ebenda, S. 3, Rn. 5.

wieder revidiert werden Herr zu werden, orientieren sich chinesische Juristen bei ihrer Arbeit zunehmend an ausländischen Gesetzestexten wie dem deutschen, französischen, amerikanischen, aber auch dem äthiopischen Recht.[100] Diese Einflüsse spiegeln sich auch zunehmend in den folgenden Rechtsgebieten wider.

4.2.2 Blick auf ausgewählte Rechtsgebiete

In einem angemessenen Rahmen finden sich hier einige der für die Ökonomie bedeutende Rechtsgebiete wieder.

4.2.2.1 Die Verfassung

Chinas Streben ausländische Rechtsstrukturen in die eigene Legislative aufzunehmen, begann nach dem Sturz der Qing-Dynastie 1911.[101] So auch die des Verfassungsrechts. Die erste richtige Verfassung – auch *„Erste Mao-*

---

[100] Ebenda, S. 4, Rn. 8.
[101] Mühlenmann (2006), S. 342ff.

Verfassung" genannt – bekam China erst 1954.[102] Diese wurde jedoch schon 1975 aufgehoben und durch eine neue Verfassung ersetzt.[103] So entstanden durch Revidierungen in kurzer Zeit vier chinesische Verfassungen. Die aktuelle Verfassung der Volksrepublik stammt aus dem Jahr 1982 und wurde insgesamt vier Mal angepasst[104] – zuletzt 2018[105] auf Wunsch Xi Jinpings.

Auffällig ist, dass die chinesische Verfassung in großen Teilen eher einer politischen Erklärung als einer Sammlung von Rechtsnormen gleicht. Schon in der Präambel[106] wird auf die siegreiche kommunistische Revolution und

---

[102] Verfassungen der Welt: Erste Mao-Verfassung.
[103] Verfassungen der Welt: Zweite Mao-Verfassung.
[104] Verfassungen der Welt: Verfassung vom 04. Dezember 1982.
[105] Yuan (2018).
[106] Verfassungen der Welt: Verfassung vom 04. Dezember 1982.

deren Geschichte in ausschweifender Weise hingewie-
sen. In ihr werden aber auch die vier Grundsätze der
Volksrepublik beziehungsweise der Verfassung genannt:
die grundsätzliche Führungsrolle der KPCh, der Marxis-
mus-Leninismus, die demokratische Diktatur des Volkes,
sowie der Sozialismus. In den Artikeln 1 bis 32 folgen
dann die Grundprinzipien, gefolgt von den Rechten und
Pflichten der Bürger (Art. 33 bis 56), dem Staatsaubau
(Art. 57 bis 135) und Bestimmungen wie die Nennung der
Staatsflagge, Hymne und der Hauptstadt (Art. 136 bis
138). Änderungen an der Verfassung wurden hauptsäch-
lich in Bezug auf die Frage des wirtschaftlichen Systems
getätigt. Beispielsweise änderte man die Präambel dahingehend, dass die KPCh auch Privatunternehmen als zu-
lässige Wirtschaftsform anerkennt. Dies ist mit einem
Wandel im Selbstverständnis der Partei zu sehen. Sie

sieht sich nun nicht mehr nur als revolutionäre Klassen-
partei, sondern vielmehr auch als Modernisiererin des
Staates.[107]

4.2.2.2   Allgemeines Zivilrecht

Erste Versuche zur Kodifizierung eines Zivilgesetzbuches
wurden schon 1907 unter dem letzten Qing-Kaiser unter-
nommen, die 1911 mit einem Entwurf zu einem Teilerfolg
führten.[108] Durch den Sturz der Qing-Dynastie im selben
Jahr gelang eine Verabschiedung des nun fünfteiligen
Buchbandes, welches Einflüsse aus dem deutschen,

---

[107] Heilmann (2002), S.43.
[108] Bu (2009), S.79, Rn. 7.

71

schweizerischen und besonders auch durch Begriffsbestimmungen aus dem japanischen[109] Recht aufweist, erst in den Jahren zwischen 1929 und 1931.[110]

Diesem Zivilgesetz war durch die Gründung der Volksrepublik und der damit verbundenen Aufhebung aller staatlichen Strukturen aus der Republikzeit nur ein kurzes Dasein beschert. Jedoch schafften es Vertreter des neuen Systems lange Zeit nicht, ein vollständiges eigenes Zivilgesetz auszuarbeiten.[111] Ein allgemeines Zivil- und Handelsrecht wurde 1987 eingeführt und behielt bis 2017 Gültigkeit.[112] Erst 2014 beschloss das 18. Zentralkomitee (ZK) die zügige Schaffung eines Zivilgesetzbuches.[113]

---

[109] China hat sich aufgrund der sprachlichen und geografischen Nähe bei seiner Rechtsausarbeitung stark an Japan orientiert, welches sich wiederum stark am deutschen BGB orientierte. Hierzu: Kaspar (2017): *Einführung in das japanische Recht.*
[110] Bu (2009), S.79, Rn. 7.
[111] Ebenda, Rn. 8.
[112] Schübeler (2018), S. 82.
[113] Ebenda.

Dieses soll den Flickenteppich aus dem allgemeinen Zivil- und Handelsrecht von 1987, internationalen Abkommen, Gewohnheitsrecht, Auslegung von politische Leitlinien und Präzedenzfällen beseitigen.[114]

Seinen Aufbau findet das chinesische Zivilrecht in den acht Bereichen umfassenden Allgemeinen Grundsätzen des Zivilrechts (AGZ) [115] formuliert. Dieser Bereich befasst sich mit den Grundprinzipien, natürlichen und juristischen Personen, der Rechtsgeschäftslehre und der Stellvertretung, subjektiven Rechten, Haftungsrechten, internationalem Privatrecht und einigen Schlussbestimmungen.[116]

---

[114] Vgl. Ebenda.
[115] Gearbeitet wird im Folgenden mit den AGZ in der Fassung vom 27.08.2009.
[116] Bu (2009), S.80 Rn. 13.

73

Von Bedeutung sind für uns aber vordergründig nur einzelne Teilaspekte.

So etwa der Begriff der juristischen Person. Diese wird in §36 AGZ als eine *„zivilrechtsfähige und zivilgeschäftsfähige Organisation, die dem Recht gemäß unabhängig Zivilrechte genießt und zivile Pflichten übernimmt"* definiert. Weiter heißt es, dass die Zivilrechtsfähigkeit und die Zivilgeschäftsfähigkeit der jeweiligen juristischen Person mit der Entstehung dieser beginnen und mit ihrem Erlöschen auch wieder enden. Die Bedingungen an eine juristische Person werden im nachfolgenden §37 AGZ genannt. So muss die juristische Person rechtmäßig gegründet worden sein, die notwenigen Finanzierungsmittel oder das nötige Vermögen haben, über eine eigene Organisationsstruktur, einen eigenen Namen und eine eigene Betriebsstätte verfügen und darüber hinaus muss sie noch im Stande sein, eine eigene zivile Haftung übernehmen zu können. Dabei unterscheidet das chinesische Recht drei Typen an juristischen Personen. Zum einen sind das die

„juristische Unternehmensperson", sprich das selbstständige Unternehmen, welches in §§41-49 AGZ behandelt wird. Des Weiteren gibt es Behörden („öffentliche Institutionen") und „gesellschaftliche Körperschaften", welche im § 50 AGZ behandelt werden. Der dritte Typus ist der in den §§ 51-53 AGZ behandelte „verbundene Betrieb". Hier werden zwei Fälle unterschieden. Zum einen gründet das Unternehmen mit einem anderen Unternehmen oder einer anderen juristischen Person ein Gemeinschaftsunternehmen, welches eine eigene juristische Person bildet.[117] Diese Gemeinschaftsunternehmen sind auch außerhalb Chinas im Wirtschaftsverkehr allgemein als Joint Venture bekannt und somit wiederum eine juristische Unternehmensperson gemäß §§41-49 AGZ. Der zweite Fall betrifft Unternehmen, die nur zu einem bestimmten Zweck mit einem anderen Unternehmen oder einer öffentlichen Institution zusammenarbeiten. Hier bleibt die

---

[117] § 51 AKZ.

75

zivilrechtliche Haftung bei den zusammenarbeitenden Unternehmen anteilig ihrer Kapitaleinlagen bestehen.[118] Zu vergleichen wäre dies im westlichen Sinne mit einer Kooperation zweier Unternehmen etwa im Sinne einer strategischen Allianz.

Gemäß § 50 AGZ können Behörden, und *„gesellschaftliche Körperschaften"* als juristische Personen privatrechtlich handeln. Zweifel darüber, ob diese Norm auch eine dem deutschen Rechtsverständnis vertraute juristische Person öffentlichen Rechts schafft, bleiben indes bestehen.

Der zweite Bereich der AGZ befasst sich mit der Rechtsgeschäftslehre, die sogleich einige Stolpersteine für deutsche Juristen beinhaltet. Zunächst unterscheidet das chinesische Recht zwischen zivilrechtliche Rechtsgeschäfte

---

[118] § 52 AKZ.

und sonstige Rechtsgeschäfte. Ein zivilrechtliche Rechts-
geschäft gemäß § 54 AGZ ist nur eine rechtmäßige Handlung, mit der natürliche und juristische Personen Rechte
und Pflichten begründen, ändern und beenden können,
die zusätzlich in Verbindung mit § 55 AKZ einer Willens-
erklärung unterliegen und dem geltenden Recht, sowie
den guten Sitten nicht entgegenstehen. Nichtige und an-
fechtbare Rechtsgeschäfte im Sinne des deutschen Gesetzgebers, sowie Realakte fallen schon von vornherein
nicht in die Kategorie des zivilrechtlichen Rechtsgeschäf-
tes, sondern fallen dem Oberbegriff des zivilen Geschäf-
tes zu.[119] Bei einem Irrtum über einen Vertragsinhalt oder
einer Übervorteilung kann bei einem Volks- oder Schiedsgericht binnen Jahresfrist die Vertragsänderung oder -
aufhebung beantragt werden.[120]

---

[119] Bu (2009), S. 84, Rn. 27.
[120] Ebenda.

Das subjektive Recht wird innerhalb der AGZ in die vier Gruppen dingliche Rechte, Schuldrecht/ Forderungen, Immaterialgüterrecht und Persönlichkeitsrechte eingeteilt. Privateigentum kann nur an Einkommen, Häusern, Ersparnissen, Güter des täglichen Bedarfs, Kulturgütern, Wald, Vieh und in geringem Maße auch an Produktionsmitteln bestehen, jedoch ist das Eigentum an Naturressourcen, Bodenschätzen und auch Grundstücken nur dem Staat oder dem Kollektiv vorbehalten. [121] Das Schuldrecht wird in den AGZ nur knapp in den §§ 84 – 93 AGZ geregelt. In § 84 AGZ wird in ein gesetzliches und vertragliches Schuldverhältnis unterteilt. Im darauffolgenden Paragrafen wird der Vertrag erläutert. Demnach ist er *„eine Vereinbarung, mit der die Beteiligten Zivilbeziehungen errichten, ändern oder beenden. Nach dem Recht errichtete Verträge erhalten den Schutz des Gesetzes.".*[122]

---

[121] Ebenda, S. 87, Rn. 39.
[122] § 85 AGZ.

Etwaige Lücken im Vertrag sind gemäß § 88 AGZ zu fül-
len. Zumeist müssen dann wie etwa beim nicht festgeleg-
ten Preis staatlich vorgegebene Qualitätsstandards zu-
grunde gelegt werden. Diese, nun rechtmäßig zustande
gekommenen Verträge, stehen gemäß § 90 AGZ unter
dem Schutz der Rechtsordnung. Diese Norm, ursprüng-
lich dazu gedacht Wuchergeschäfte zu verhindern[123],
konnte diesen Anspruch aufgrund fehlender Ausformulie-
rung nicht erfüllen.

Auch das in Europa viel gebrauchte Immaterialgüterrecht
ist in China gut erschlossen. So unterscheidet man zwischen dem Urheberrecht – geregelt im Urheberschutzge-
setz –, dem Patentrecht – geregelt im Patentschutzgesetz
–, dem Markenrecht – welches im Markenrechtsgesetz
der VR China geregelt ist – und dem etwas ungewöhnlich

---

[123] Bu (2009), S. 87, Rn. 39.

anmutenden Entdeckungsrecht. Diese Rechte sind deklaratorisch noch in den §§ 94 – 97 AGZ erwähnt, werden aber zwischenzeitlich, zuletzt 2019, in eigenen Gesetzestexten novelliert. Das Entdeckungsrecht ist noch in § 97 AGZ festgeschrieben. Demnach ist ein jeder Bürger berechtigt, einen Entdeckungsnachweis, eine Prämie bzw. andere Belohnungen für wissenschaftliche oder technische Entdeckungen zu beantragen und zu erhalten. Jedoch ist es umstritten, ob dieses Entdeckungsrecht dem geistigen Eigentum unterfällt, da weitere Ausführungen zum Entdeckungsrecht fehlen.[124]

Anders als man im Westen vermuten würde, genießt auch in China der Verbraucherschutz und die Produkthaftung einen immer höheren Stellenwert. So wird auch in China der 15. März eines jeden Jahres angelehnt an den Welt-

---

[124] Binding (2012), S. 28.

verbrauchertag als *„Tag des Verbraucherschutzes"* be-
gangen. Ebenfalls dem Verbraucherschutz dienlich ist die
„3.15"-Show, die auch durch ihr Anprangern von Volks-
wagen und Apple[125] im Ausland bekannt wurde. Solche
Shows bringen also vor allem ausländische Produzenten
in Zugzwang, da sie aufgrund ihres ohnehin schon hohen
Preises einer hohen Erwartung von Seiten chinesischer
Konsumenten ausgesetzt sind. Rechtsquellen im Bereich
des Verbraucherschutzes und der Produkthaftung sind
das Verbraucherschutzgesetz, das Produktqualitätsgesetz und die AGZ. Etwaige Ansprüche bei Mängeln werden im Vertragsgesetz und in Teilen im Verbraucherschutzgesetz und im Produktqualitätsgesetz geregelt.[126]
Der daraus entstandene Schaden wird gemäß den §§ 40

---

[125] Mattheis (2013).
[126] Bu (2009), S.91 Rn. 62.

– 48 Produktqualitätsgesetz[127] reguliert. Die Verjährungsfrist ist hierbei gemäß § 45 S. 1 Produktqualitätsgesetz auf zwei Jahre ab Kenntnisnahme festgesetzt. Abweichend vom deutschen Recht ist, dass Verkäufer und Hersteller als sogenannte *„unechte Gesamtschuldner"* fungieren. Das bedeutet, dass im Falle einer Klage des geschädigten Konsumenten gegen den Verkäufer dieser auch in dem Fall haftet, bei dem ihn kein Verschulden trifft. So haftet der Hersteller im umgekehrten Fall auch dann, wenn das Verschulden beim Verkäufer liegt.[128] Besonders hart trifft es betrügerische Gewerbetreibende. Diese müssen gemäß § 55 Verbraucherschutzgesetz[129] den Schadensersatz um den dreifachen Kaufpreis erhöhen. Außerdem wird in § 122 AGZ noch darauf hingewie-

---

[127] Wenn nicht anders angegeben im Literaturverzeichnis unter *Gesetze Chinas* zu finden.
[128] Bu (2009), S.92 Rn. 67.
[129] ZChinR (2014).

sen, dass bei Produkten eine normierte Qualität eingehalten werden muss, die bei Nichteinhaltung eine Haftung des Herstellers oder Verkäufers nach sich ziehen kann.

4.2.2.3   *Vertragsrecht*

Das chinesische Vertragsrecht als Teil des Zivilrechts wurde 1999[130] im Vertragsgesetz[131] (VG) kodifiziert. Seinen Ursprung hatte es aber schon, mit dem Ziel, die sozialistische Volkswirtschaft mittels rechtlicher Instrumente voranzubringen, in den 1950er Jahren.[132] Wichtige Vertragsrechtregelungen waren zum Beispiel die Regelung über den formalen Vertragsabschluss und dessen Durchführung (1950), die Regelung zum Vertragsabschluss im Bereich Eisenbahntransport (1951) oder die vorübergehende Regelung für den Handelsvertragsabschluss zwi-

---

[130] Merle et al. (2020).
[131] Verwendung findet die Fassung vom 29.12.1999.
[132] Shi (2003), S. 7.

schen Genossenschaften (1953). Diese Regelungen er-
wiesen sich im chinesischen Wirtschaftsrecht als unabdingbar, da sie wichtige Vertragstypen wie zum Beispiel
Kaufvertrag, Liefervertrag, Werksvertrag, Pachtvertrag
oder Transportvertrag schufen, auch wenn sie den Begriff
„Wirtschaftsvertrag" vermieden.[133] Ein Rückschritt für das
chinesische Vertragsrecht ergab sich dann mit der Kulturrevolution, in der Verträge als kapitalistisch strikt abge-
lehnt wurden.[134] Diese Ablehnung wendete sich erst in
der Reform- und Öffnungsphase in den 1970er Jahren zu
einer Wertschätzung des Vertragsrechts und mündete
schließlich zum einen seit 1980 in die Anwendung des
UN-Kaufrechts[135] und zum anderen in der Schaffung eines eigenen Vertragsrechts 1999 durch Auslagerung aus
den AGZ. Anlehnung fanden die Ausführungen im chinesischen Vertragsrecht vor allem in den Bestimmungen

---

[133] Ebenda, S. 8.
[134] Ebenda.
[135] Bu (2009), S. 102, Rn. 2.

des UN-Kaufrechts und den „*Principles of International Commercial Contracts*" von UNIDROIT.[136] Das jetzige Gesetz ist in 23 Abschnitte und 428 Paragrafen unterteilt. Neuerungen sind zum einen das Anwachsen an Vertragsarten auf nunmehr 15. Unter ihnen finden sich nun auch der Maklervertrag, die Schenkung, das Darlehen, der Bauvertrag, der Auftrag oder die Vermittlung.

Wie schon in den AGZ gelten auch im Vertragsrecht die Grundsätze von der Gleichheit der Parteien (§ 3 VG), Freiwilligkeit (§ 4 VG), Gerechtigkeit (§ 5 VG), sowie der Grundsatz von Treu und Glauben (§ 4 VG). Anders als in Deutschland und anderen europäischen Ländern gilt jedoch nicht die umfassende Privatautonomie der Parteien. Denn § 38 VG sieht vor, dass der Staat in Fällen der Erfordernis, imperative Pflichten oder staatliche Warenbestellungspflichten zuweist und somit die Parteien ihre jeweiligen Verträge nach gesetzlichen und behördlichen

---

[136] Ebenda.

Anweisungen planwirtschaftlich abzuschließen haben. Zusätzlich sind die Industrie- und Handelsverwaltungsbehörden und andere betroffene Behörden gemäß § 127 VG dazu berechtigt, im Rahmen ihrer Befugnisse Verträge zu überwachen, um illegale Geschäftspraktiken oder jene, die den Staats- oder Gesellschaftsinteressen zuwiderlaufen, zu bekämpfen.

Wie im europäischen Rechtsverständnis kommt ein Vertrag, der zivilrechtliche Pflichten und Rechte zwischen zwei gleichwertigen Rechtssubjekten begründet[137], durch Angebot und Annahme[138] – also zwei übereinstimmenden Willenserklärungen – zustande. Gemäß § 10 VG herrscht Formfreiheit, die nur auf staatliches Verlangen hin in die Schriftform umgewandelt werden muss. Die Hauptpunkte des Vertragsinhaltes wie die Nennung der

---

[137] § 2 VG.
[138] § 13 VG.

Parteien, des Gegenstandes, des Preises, die Erfüllungs-
frist und die Haftung gehen aus § 12 VG hervor. Hier findet man auch einen Mustervertrag. Insgesamt orientiert
sich das chinesische Vertragsrecht in Bezug auf Wirksamkeit, Anfechtung, Nichtigkeit, Einrede oder AGB stark
an deutsche Normierungen.[139]

Eine Vereinfachung bietet das chinesische Recht in Bezug auf die Sicherung der Haftungsmasse. Diese sind im
deutschen Recht der Zivilprozessordnung sowie Spezial-
gesetzen wie der Insolvenzordnung und dem Anfech-
tungsgesetz zugeordnet. Im chinesischen Recht sind
zwei Sicherungsmaßnahmen – das Surrogationsrecht (§
73 VG) und das Anfechtungsrecht – bekannt, welche vor
dem Volksgericht eingeklagt werden müssen.[140]

---

[139] Bu (2009), S.107ff.
[140] Ebenda, S. 109-111.

4.2.2.4 Gesellschaftsrecht

Im chinesischen Sprach- und Schriftgebrauch bezieht sich das Wort *„Gesellschaft"*, anders als das Wort *„Unternehmen"*, welches für alle Unternehmensformen steht, nur auf die Gesellschaft mit beschränkter Haftung (GmbH) und auf die Aktiengesellschaft (AG). [141] Diese Einteilung lässt sich so in Form eines *Numerus clausus* auch aus § 2 Gesellschaftsgesetz (GesG)[142] entnehmen.

Die ursprüngliche Unterteilung in Privat-, Kollektiv- und Staatsunternehmen wird zunehmend zugunsten einer Unterteilung in Personen- und Kapitalgesellschaften diskutiert.[143]

Neben der allgemeinen AG wurde noch das Kooperationsunternehmen auf Aktien, welches eine Mischung aus AG und Genossenschaft darstellt, als Reformversuch in

---

[141] Ebenda, S. 157, Rn. 1.
[142] Verwendung findet das chinesische Gesellschaftsgesetzt mit Fassung von 2005.
[143] Bu (2009), S. 157, Rn. 2.

88

ländlichen Regionen geschaffen.[144] Zu dieser Unternehmensform fehlen allerdings bislang einheitliche rechtliche Normierungen.

Rechtliche Normierungen zu den einzelnen Unternehmensformen finden sich neben dem GesG auch im Einzelpersonenunternehmensgesetz (EPUG), dem Partnerschaftsunternehmensgesetz (PUG)[145] und diversen anderen Einzelgesetzen und Verordnungen, wobei das GesG aber das wichtigste Gesetzeswerk ist.

Untergliedert ist das GesG in 13 Kapitel. In ihnen sind unter anderem allgemeine Regeln, die GmbH, Übertragung von Anteilen, die AG, Finanzangelegenheiten und Buchführung der Gesellschaften und Haftungsregeln thematisiert. Anders als in Deutschland und anderen europäischen Ländern verfügt China über kein Konzernrecht.

---

[144] Heuser (2006), S. 116f.
[145] Verwendung findet die Fassung von 2006.

Auch werden gemäß § 218 GesG GmbHs und AGs mit ausländischen Beteiligungen zuvorderst durch andere spezifische Gesetze behandelt. Auffällig am GesG ist des Weiteren, dass die Normen immer wieder durch zwei Auslegungsformen ergänzt werden. Dies sind in beiden Fällen die Bestimmungen des Obersten Volksgerichts zur Anwendung des Gesellschaftsgesetztes aus den Jahren 2006 und 2008. Inhaltlich ähnelt das GesG jedoch stark dem deutschen GmbHG und dem AktG, was eine tiefgründige inhaltliche Auseinandersetzung mit dem GesG nicht notwendig erscheinen lässt.

Eine Liberalisierung der Unternehmen wurde vor Allem mit dem PUG geschaffen, da es durch einige dispositive Normen Unternehmern einen gewissen gestalterischen Freiraum auch im Rahmen der Unternehmensform gibt. Zu vergleichen ist die Grundform des chinesischen Partnerschaftsunternehmen mit der deutschen OHG. Anders als im deutschen Partnerschaftsrecht, in dem sich nur Angehörige freier Berufe zu einer Partnerschaft zusammenschließen dürfen, gibt es gemäß § 14 PUG nur die Bedingung, dass sich mindestens zwei Partner, ob juristisch oder natürlich, einigen. Sollte das Unternehmensvermögen zur Deckung von Verbindlichkeiten nicht ausreichen, haften die Partner jeweils gesamtschuldnerisch mit ihrem Privatvermögen.[146] Ebenfalls haftet der Einzelunternehmer unbegrenzt mit seinem Privatvermögen. Ein Einzelpersonenunternehmen wird als Betriebskörper verstanden, in dem eine einzelne natürliche Person investiert ist.[147] Vergleichbar ist hier das Einzelunternehmen, welches auch in Deutschland oft gegründet wird. Ausnahmen bezüglich der Haftung finden sich hier aber in der deutschen „1-Mann-GmbH", da in diesen Fällen die Haftung beschränkt ist.

---

[146] § 39 PUG.
[147] Bu (2009), S. 158, Rn. 6.

Einen hohen Stellenwert in der chinesischen Unternehmenswelt nimmt das *state owned enterprise* (SOE, dt.: Zentral Verwaltetes Unternehmen) ein. Zumeist handelt es sich hierbei um Unternehmen in den Bereichen Rüstung, Kommunikation, Finanzen, Versicherung, Rohstoffe und Transport. Laut der Nachrichtenagentur Xinhua waren lediglich 1,3 % der chinesischen Unternehmen SOEs, doch boten sie als *„Rückgrat der volkswirtschaftlichen Entwicklung"* 15,7 % der Beschäftigten einen Arbeitsplatz.[148] Trotz dessen ist man schon seit den 1980ern dabei die SOEs effizienter zu gestalten und sie schrittweise in AGs und GmbHs zu überführen, was 1993 mit der Schaffung des GesG umgesetzt werden sollte.[149] Dieser Grundgedanke lässt sich auch daraus ablesen, dass bei seiner Einführung das Gesetz für die Gründung einer

---

[148] Xinhuanet (2019): Über 84 Prozent der Unternehmen in China sind privat.
[149] Bu (2009), S. 159, Rn. 11.

GmbH eine Einmaleinzahlung von mindestens 100.000 Yuan (ca. 12.000 €), gestaffelt nach Unternehmenszweck, vorsah[150] und für die Gründung einer AG eine Einmaleinzahlung von 10 Mio. Yuan (ca. 1,2 Mio. €)[151] nötig war. Für die GmbH wurde das Mindeststammkapital, einzahlbar innerhalb von fünf Jahren, auf 30.000 Yuan (ca. 3.700 €) festgesetzt.[152] Für die Errichtung einer AG sind streckbar auf ebenfalls fünf Jahre nur noch 5 Mio. Yuan (ca. 0,5 Mio. €) notwendig.[153]

Im Falle einer gewünschten Gesellschaftsgründung muss diese in einem Register eingetragen werden.[154] Bis März 2021 war dies die 1953 gegründete State Administration

---

[150] Vgl. § 23 GesG in der Fassung von 1993. Der Mindestbetrag konnte bis zu 500.000 Yuan (ca. 63.000 €) betragen.
[151] Vgl. § 78 GesG in der Fassung von 1993.
[152] § 26 GesG. Jedoch besteht die Möglichkeit einer „1-Mann-GmbH", bei der die ursprünglichen Zahlungsmodalitäten beibehalten wurden (vgl. § 59 GesG).
[153] § 81 GesG.
[154] § 6 GesG.

for Industry and Commerce (SAIC). Die SAIC war für die Marktaufsicht und -regulierung zuständig.[155] Im Zuge einer Umgestaltung ging diese in der neu geschaffenen State Administration for Market Regulation (SAMR) auf, welche die Kompetenzen mehrerer früherer Behörden, wie die Lizensierung von Unternehmen, Wettbewerbsaufsicht, Nahrungsmittelsicherheitsüberwachung und andere Aufgaben, übernahm.[156] Durch das Einreichen eines Kapitalprüfungsberichts bei der SAMR, welcher durch einen staatlich anerkannten Wirtschaftsprüfer aufgestellt wurde, kann eine Gewerbelizenz erworben werden, durch die das Unternehmen erst eingetragen wird und somit zum Rechtssubjekt einer Gesellschaft wird.[157] Zwar ist das Gesellschaftsregister öffentlich einsehbar, doch ist es aufgrund häufig fehlender Kenntnisse in Mandarin für Ausländer ein schweres Unterfangen, Informationen zu

---

[155] SAIC.
[156] Butcher Piat (2018).
[157] Bu (2009), S. 160, Rn. 16.

den einzelnen Gesellschaften zu erhalten, da eine Version in englischer Sprache nicht vorhanden ist[158].

4.2.2.5 *Arbeitsrecht*

Nicht nur der Wandel des chinesischen Arbeitsmarktes durch die Umorientierung von der Plan- hin zur Marktwirtschaft hat Konsequenzen für das chinesischen Arbeitsrecht. Durch die neue Öffnungspolitik wurde eine Umstrukturierung der Arbeitsplatzzuweisung benötigt, da die Staatsunternehmen oftmals ineffizient wirtschafteten und die Möglichkeit der Kündigung geschaffen werden musste.[159] Auch die BOR-Initiative fordert die chinesische Gesetzgebung hinsichtlich einer Reform der bestehenden

---

[158] National Enterprise Credit Information Publicity System.
[159] Yanyuan & Darimont (2007), S. 173.

95

arbeitsrechtlichen Gestaltung heraus, da der Arbeitsmarkt Chinas durch ausländische Firmen eine zusätzliche
Umstrukturierung erfahren dürfte.

Als Rechtsquelle des Arbeitsrechtes dienten zunächst die
1986 durch den Staatsrat geschaffenen *„Vorläufigen
Bestimmungen zu Durchführung des Arbeitsvertragssys-
tem"*, welche in das Arbeitsgesetz (ArbeitsG)[160] von 1994
mündete. Die grundlegende Neuerung dieses Gesetzes
war, dass die Gesetze, wie vormals nicht nur für Arbeitnehmer von Staatsunternehmen gelten, sondern für alle
Arbeitsnehmer in China.[161] Weitere wichtige Rechtsquellen sind das Arbeitsvertragsgesetz (ArbeitsVG)[162], sowie
die 2008 vom Staatsrat verabschiedete *„Durchführungsverordnung zum Arbeitsvertragsgesetz"*(Arbeits-
VGDVO)[163].

---

[160] In der Fassung vom 05.07.1994.
[161] Yanyuan & Darimont (2007), S. 174.
[162] In der Fassung vom 29.06.2007.
[163] In der Fassung vom 18.09.2008.

96

Das ArbeitsG ist in 13 Kapitel unterteilt. Neben allgemeinen Regeln werden Kapitel wie *„Beschäftigungsförderung"*, *„Arbeits- und Kollektivvertrag"*, *„Lohn"*, *„Besonderer Schutz weiblicher Beschäftigter und minderjähriger Arbeiter"*, *„Arbeitszeit, Ruhezeiten und Urlaub"* oder auch *„Arbeitsstreitigkeiten"* behandelt. Das ArbeitsVG wiederum besteht aus acht Kapitel. In ihnen werden neben allgemeinen Regeln Themen wie der Abschluss des Arbeitsvertrages, die Erfüllung und Änderung, die Kündigung, einzelne Aspekte wie Kollektivverträge oder Teilzeitverträge und auch die Haftung behandelt. Die im darauffolgenden Jahr verabschiedete Durchführungsverordnung soll dazu dienen, das ArbeitsVG *„voll durchführen zu können und die Harmonie der Arbeitsbeziehungen zu fördern"*[164], was durch sechs Kapitel, die erläuternd auf das ArbeitsVG eingehen, geschehen soll. Da es zwischen beiden Gesetzestexten zu Abweichungen kommen

---

[164] § 2 ArbeitsVGDVO.

kann, ist auch der Vorrang des *Lex specialis* vor dem *Lex generalis* zu beachten.

Über den chinesischen Arbeitsmarkt wacht das Ministerium für Humanressourcen und soziale Sicherheit (Ministry for Human Resources and Social Security of the People's Republic of China, MOHRSS). Das MOHRSS ging dabei 2008 aus dem Ministerium für Personal und dem Ministerium für Arbeit und soziale Absicherung hervor und sieht sich in der Verantwortung, die nationalen arbeitsmarktpolitischen Standards, die Regulierung und das Management der sozialen Absicherungssysteme, Arbeitskräftemanagement und gesetzliche Regelungen in Bezug auf den Arbeitsmarkt zu überwachen.[165] Besonders die Arbeitsmigration von ländlichen Regionen in die Städte und die Wanderarbeiter sind eine charakteristische Herausforderung für die chinesische Regierung.[166]

---

[165] MOHRSS (2014).
[166] Fang et al. (2009), S. 3.

98

China leidet unter einer latent hohen Arbeitslosigkeit in den ländlichen Regionen[167], welche nicht aus den offiziellen Zahlen für das gesamte Land[168] ersichtlich sind und ist so – auch durch die erwähnte Umstrukturierung von Staatsunternehmen und somit frei werdender Arbeitskräfte – darauf angewiesen ein hohes Wirtschaftswachstum zu generieren.

Anwendung findet das ArbeitsVG gemäß § 2 I ArbeitsVG auf alle Arbeitnehmer und privaten Arbeitgeber auf dem Gebiet Chinas. Gemäß § 2 II ArbeitsVG findet das Gesetz auch analog Anwendung auf das Arbeitsverhältnis zwischen Arbeitnehmern und staatlichen Institutionen. Aus § 2 I ArbeitsVG geht jedoch hervor, dass natürliche Personen per Gesetz nicht als Arbeitgeber anerkannt werden und somit Arbeitsbeziehungen zwischen natürlichen Personen nicht vom ArbeitsVG abgedeckt sind. Um formal

---

[167] Jianping (2016).
[168] Statista (2020): China: Arbeitslosenquote von 1980 bis 2018 und Prognosen bis 2025.

berechtig zu sein, Arbeitgeber zu sein, bedarf es also eine Betriebslizenzierung, die durch das SAMR ausgestellt wird. Bei einer Zuwiderhandlung können Strafen drohen.[169]

Anders als es in Deutschland der Fall ist, bedarf der Arbeitsvertrag in China der Schriftform[170]. Sollte dies nicht geschehen sein und das Arbeitsverhältnis bereits bestehen ist eine schriftliche Fixierung innerhalb eines Monats nachzuholen.[171]

Der Inhalt des schriftlich geschlossenen Arbeitsvertrages ergibt sich aus § 17 I ArbeitsVG und muss unter anderem folgende Punkte beinhalten: Bezeichnung, Verantwortlicher und Sitz des Arbeitsgebers; Name und Anschrift des Arbeitnehmers und seine Personalausweisnummer; Inhalt und Ort der Arbeit; Urlaubs- und Ruhezeiten; Sozial-

---

[169] Bu (2009), S. 259, Rn. 11.
[170] § 10 I ArbeitsVG.
[171] § 10 II ArbeitsVG.

versicherungsnummer; Arbeitsentgelt und Arbeitsbedingungen. Beide Parteien sind gemäß § 8 ArbeitsVG dazu
verpflichtet, der jeweils anderen Partei Auskunft über ar-
beitsbezogene Informationen zu erteilen. Sei es über das
Arbeitsentgelt, mögliche Gefahren während der Arbeits-
ausführung oder andere Umstände, die Bezug zur Tätigkeit haben.

In chinesischen Unternehmen ist es üblich ein Betriebs-
handbuch zu führen, welches über die Arbeitsbedingungen und -disziplin aufklärt.[172] Mit diesem Handbuch erfüllt
der Arbeitgeber gleichzeitig seine Pflicht,[173] den Arbeitnehmer über seine Rechte und Pflichten aufzuklären, die
er nur nach Absprache mit einer Gewerkschaft oder einer
Arbeitnehmervertretung ändern kann[174]. Ein Arbeitsvertrag kann unbefristet, befristet oder nur zur Erfüllung einer

---

[172] Bu (2009), S. 261. R. 19.
[173] § 4 I ArbeitsVG.
[174] § 4 II ArbeitsVG.

bestimmten Aufgabe geschlossen werden. Ist der Arbeitnehmer jedoch mindestens zehn Jahre beim gleichen Arbeitgeber beschäftigt oder erfüllt andere Voraussetzungen hat er einen Rechtsanspruch auf einen unbefristeten
Arbeitsvertrag.[175]

Die gesetzliche Regelarbeitszeit in China ist eine 40-
Stunden-Woche mit einer täglichen Arbeitszeit von acht
Stunden.[176] Bei Teilzeitarbeit beträgt die tägliche Arbeitszeit höchstens vier Stunden und die Wochenarbeitszeit
höchstens 24 Stunden.[177] Jedoch kann die tägliche Arbeitszeit um drei Stunden verlängert werden, wenn auf
Wochenbasis nicht mehr als 36 Überstunden geleistet

---

[175] § 14 II ArbeitsVG.
[176] § 3 Bestimmungen des Staatsrates zur Arbeitszeit der
Beschäftigten in der Fassung vom 25.03.1995.; § 36 ArbeitsG   sah noch eine Wochenarbeitszeit von 44
Stunden vor.
[177] § 68 ArbeitsVG.

werden müssen.[178] Überstunden werden tagesabhängig mit einem Aufschlag bedacht.[179] Pro Woche hat der Arbeitnehmer einen Anspruch auf einen Ruhetag.[180] Das Anrecht auf bezahlten Urlaub geht auf eine Verordnung des Staatsrates zum bezahlten Urlaub von 2007 hervor.[181] Demnach haben Arbeitnehmer, die eine Betriebszugehörigkeit von unter einem Jahr haben, keinen Anspruch auf bezahlten Jahresurlaub, über ein Jahr und unter zehn Jahre Betriebszugehörigkeit bewirken einen Anspruch von fünf Tagen bezahlten Jahresurlaub, der auf zehn Tage anwächst sobald man zwischen zehn Jahre und unter 20 Jahren für den gleichen Betrieb tätig ist. Ist der Arbeitnehmer mindestens 20 Jahre für den gleichen Betrieb tätig genießt er einen Anspruch von 15 Tagen bezahlten Jahresurlaub.

---

[178] § 41 ArbeitsG.
[179] § 44 ArbeitsG.
[180] § 38 ArbeitsG.
[181] Bu (2009), S. 264, Rn. 25.

Sollte der Arbeitnehmer den Betrieb wechseln, verliert er nicht nur seinen bisher gesammelten Urlaubsanspruch. Er kann gemäß § 23 ArbeitsVG auch einer Geheimhaltungsklausel oder einem Wettbewerbsverbot unterliegen. Im Gegenzug ist der Arbeitgeber dem ehemaligen Arbeitnehmer zur Zahlung einer Entschädigung verpflichtet. Gemäß § 24 II ArbeitsVG ist eine solche Sperre auf höchstens zwei Jahre begrenzt.

Eine Besonderheit zu anderen Verträgen, die im chinesischen Vertragsrecht behandelt werden, ist die Nichtigkeit. Ein Arbeitsvertrag ist gemäß § 26 I ArbeitsVG nichtig, wenn er auf arglistige Täuschung, Drohung oder der Ausnutzung einer Notlage beruht, der Arbeitgeber sich von gesetzlichen Verantwortlichkeiten befreit oder dem Arbeitnehmer gesetzliche Rechte entzieht oder den Verstoß von zwingenden Gesetzten bewirkt. Gemäß § 54 VG sind eine arglistige Täuschung, Drohung oder das Ausnutzen einer Notlage jedoch keine Gründe, die einen anderweitigen Vertrag für nichtig befinden.

Die Kündigung des Arbeitsvertrages ist ordentlich und auch fristlos von beiden Parteien ausgehend möglich. Sollte der Arbeitnehmer den Arbeitsvertrag ordentlich kündigen ist gemäß § 37 ArbeitsVG eine Kündigungsfrist von 30 Tagen und drei Tagen in der Probezeit einzuhalten, die bei einer Verlängerung seitens des Arbeitgebers eine Arbeitnehmerrechtsverletzung darstellt. Eine fristlose Kündigung, die vom Arbeitnehmer ausgeht ist gemäß § 38 I ArbeitsVG ohne Abmahnung des Arbeitgebers in den Fällen möglich, in denen der Arbeitgeber seine Vertragspflichten verletzt, also beispielsweise die Nichteinhaltung von Arbeitsschutzmaßnahmen, das Ausbleiben der Entrichtung des Arbeitsentgelts oder der Sozialversicherungsabgaben oder weil die Interessen der Arbeitnehmer verletzt werden. Der Arbeitgeber auf der anderen Seite kann dem Arbeitnehmer nur mit triftigem Grund kündigen. Dies ist mit einer Frist von 30 Tagen oder der Zahlung eines Monatslohnes möglich, sollte der

Arbeitnehmer die Arbeit auch nach einem Arbeitsplatz-
wechsel nicht bewältigen können – sei es nach einer
Krankheit oder weil sich die Arbeitsbedingungen geändert
haben und der Arbeitnehmer keine Vertragsänderung
aushandeln konnte.[182] Eine fristlose Kündigung dem Arbeitnehmer gegenüber ist nur möglich, wenn er schwer-
wiegend den Arbeitsvertrag verletzt hat, zum Beispiel indem er seine Aufgaben vernachlässigt oder einem anderen Arbeitgeber dient und somit seiner Arbeit nicht voll-
umfänglich nachgehen kann oder wenn er strafrechtlich
zur Verantwortung gezogen wird. [183] Außerdem ist der
Arbeitgeber auch zu Massenentlassungen berechtigt, die
sich aber nach dem Insolvenzrecht und einer fairen Sozi-
alauswahl richten.[184]

---

[182] § 40 ArbeitsVG.
[183] § 39 ArbeitsVG.
[184] Bu (2009), S. 268, Rn. 40.

4.2.3 Recht für ausländische Investitionen

Das Recht für ausländische Investitionen soll hier gesondert betrachtet werden, da es sich möglicherweise anders als das Recht für inländische Investitionen verhalten könnte,

4.2.3.1 Zugang für ausländische Investoren

Seit 1993 weist China den größten Zufluss von *Foreign Direct Investments* (FDI) aller Entwicklungsländer auf.[185] Allerdings müssen von Investoren dabei einige Vorschriften beachtet werden. Eigens dazu hat China einen „*Catalogue for the Guidance of Foreign Investment Industries*" (Investitionskatalog; CFDI) herausgegeben. Der

---

[185] Long (2005), S. 315.

vom Ministry of Commerce and Industry (Handelsminis-
terium; MOFCOM) in regelmäßigen Abständen[186] über-
arbeitete Katalog dient ausländischen Investoren als
Richtschnur für branchengebundene Investitionen. Inhaltlich ist der CFDI dabei in die drei Kategorien *„geför-
derte"*, *„beschränkte"* und *„verbotene"* Investitionen unterteilt. Insbesondere Branchen, die China wirtschaftlich
voranbringen, wie etwa die IT und andere High-Tech-
Sektoren oder eine moderne Landwirtschaft, werden von
der chinesischen Regierung gefördert. Branchen, die unter die Kategorie „gefördert" fallen, genießen verminderte
Steuern und Abgaben und werden auch bei anderen behördlichen und arbeitsmarktfördernden Prozessen be-
vorzugt.[187]

---

[186] Der aktuelle Katalog ist in der Version von 2020 einsehbar.
[187] Long (2005), S. 330.

Zu den zugangsbeschränkten Branchen gehören etwa die Telekommunikation, die Energieversorgung, die Lebensmittelindustrie und das Bankenwesen. In der Regel herrschen in diesen Bereichen Beteiligungsgrenzen und eine zwingende Notwendigkeit der Zusammenarbeit mit einem chinesischen Partner, die in der Praxis mit einem Technologietransfer einhergeht.[188]

Zu den für ausländische Investoren verbotenen Investitionsbranchen gehören die Rüstungsindustrie, der Betrieb von Stromnetzen und andere die nationale Sicherheit betreffende Branchen.

Branchen, die im Katalog nicht genannt werden, unterliegen keinen Restriktionen[189]. Allerdings werden diese vermutlich auch nicht gefördert.

---

[188] Ebenda, S. 321.
[189] Bu (2009), S. 191. R. 4.

Neben dem Investitionskatalog hat sich ein eigenes Rechtsgebiet, das „Foreign Investment Law" (Recht der ausländischen Investments; FIL) herausgetan, dessen Ziel darin besteht „Foreign Invested Enterprises" (Unternehmen mit ausländischen Kapitalbeteiligungen; FIE) zu regulieren. Zum 01.01.2020 kam es zu einer einheitlichen Zusammenfassung durch das MOFCOM[190].

Da dieses Rechtsgebiet jedoch stark von Richtlinien der WTO abhängig ist, ist hier ein ständiger Wandel zu erwarten. Besonders an Zölle und andere Handelsbarrieren ist hier zu denken. Im Hinblick auf die EU ist auch mit dem 2020 beschlossenen CAI eine weitere Liberalisierung und Angleichung zu erwarten. So geht das FIL auf Sachen wie der Definition eines ausländischen Investors[191] ein oder bestärkt die Sicherheit dieser[192].

---

[190] MOFCOM (2019): Foreign Investment Law of the Peoples's Republic of China.
[191] Art. 2 FIL.
[192] Art. 5 FIL.

Viele Punkte gehen auch auf die Listen des CFDI ein.
Mit dem Beitritt zur WTO nahm die Rolle der Sonderwirtschaftszonen zwar schon frühzeitig ab, doch können
ausländische Investoren in diesen zumindest von verein-
fachten Genehmigungsprozessen und einer bestehenden Infrastruktur profitieren.[193]

Da die chinesische Währung Renminbi nach wie vor
nicht voll konvertibel ist, müssen zwei Devisenkonten gehalten werden – das Girokonto und das Kapitalkonto.
Vom Girokonto aus werden laufende Zahlungen wie Li-
zenzgebühren oder Honorare für ausländische Dienstleistungen gezahlt. Über das Kapitalkonto werden
Fremdverbindlichkeiten und Erhöhungen oder Reduktio-
nen des Eigenkapitals des FIE abgewickelt. Anders als

---

[193] Bu (2009), S. 196, Rn. 30.

beim Girokonto bedarf es hier jedoch einer Genehmigung durch das staatliche Devisenamt (SAFE).[194] Diese Genehmigung, der ein „Gespräch" vorausgeht, ist ab einer Summe von fünf Millionen US-Dollar nötig. Sollte SAFE der Meinung sein, dass die Transaktionsgründe nicht hinreichend erklärt werden, kann sie ihre Genehmigung versagen.[195]

4.2.3.2 Zugangsformen

Um in den chinesischen Markt einzusteigen haben ausländische Investoren einigen Alternativen, die sie nutzen können. Das chinesische Recht kennt drei Zugangsformen für ausländische Kapitalgeber.[196] Namentlich sind das das Equity Joint Venture (EJV), das Cooperative Joint

---

[194] Ebenda, Rn. 33.
[195] Tetz (2017), S. 112.
[196] Art. 42 FIL.

Venture (CJV)[197] und das Wholly Foreign-owned Enterprises (WFOE).

Den Einstieg in den chinesischen Markt wählen viele ausländische Investoren zuvor durch ein Repräsentanzbüro
in China. Hauptgrund ist hierbei die Kosten- und Risikom-
inimierung.[198] Hierzu wird allerdings ein chinesisches Unternehmen, Sponsor genannt, benötigt, mit dem schon
Geschäftsbeziehungen bestehen.

Abgesehen von Banken, Versicherungen oder Wirt-
schaftsprüfern, die eine Genehmigung des jeweiligen
Fachministeriums benötigen, ist keine Genehmigung
mehr nötig.[199] Eine direkte Anstellung von chinesischen
Mitarbeitern ist nicht erlaubt. Dafür werden darauf spezi-
alisierte Serviceunternehmen zwischengeschaltet, die die
benötigten Mitarbeiter an die Repräsentanz „verleihen"

---

[197] In der Literatur auch als Contractual Joint Venture bekannt.
[198] Bu (2009), S. 198. R. 3.
[199] Ebenda.

und auch die Entrichtung der Sozialabgaben übernehmen. Für ihren Service erhalten sie eine Servicegebühr.[200] Auch in ihrer operativen Tätigkeit sind sie sehr eingeschränkt. So dürfen sie keinem operativen Geschäft nachgehen, sondern nur Kunden akquirieren, Marktanalysen durchführen oder Produkte vorstellen.[201]

Da eine Repräsentanz nur als Kontaktadresse dienen kann, müssen ausländische Investoren ein eigenes Unternehmen in China gründen. Dafür nutzen sie oftmals die älteste mögliche Form der Investition: das Joint Venture. Hier handelt es sich um ein Gemeinschaftsunternehmen aus einem ausländischen und einem chinesischen Partner. Ihr Vorteil besteht darin, dass der ausländische Partner die Stärken des chinesischen Partners in Form von Landbesitz, Marktkenntnis, Kundenstamm und Kenntnis über die chinesischen Genehmigungsverfahren und

---

[200] Ebenda, S. 199, Rn. 6.
[201] Lorenz (2014), S. 14.

sonstigen gesetzliche Regelungen nutzen kann. Der Nachteil besteht für den ausländischen Partner aber darin, dass es zu einem ungewollten Technologietransfer und zu einem Unabhängigkeitsverlust kommen kann.[202] Unterschieden wird meist zwischen dem EJV und dem CJV. Bei einem EVJ handelt es sich meist um die Neugründung einer juristischen Person, in die beide Partner Eigenkapital einfließen lassen, wohingegen ein CJV die auf ein Ziel ausgerichtete lokal oder zeitlich begrenzte Zusammenarbeit zweier Unternehmen ist.[203] Die Gründung einer EJV erfolgt als *Limited Liability Company* und stellt eine GmbH nach chinesischem Recht dar.[204] Bei einem CJV gibt es zwei Gestaltungsmöglichkeiten. Zum einen können sie wie beim EJV eine *Limited Liability Company*

---

[202] Ebenda, S. 20.
[203] Ebenda.
[204] Ebenda.

115

gründen oder aber nur eine vertraglich gebundene Arbeitsgemeinschaft bilden.[205] Der Hauptunterschied zwischen EVJ und CVJ liegt darin, dass bei letzterem die Gewinnanteile vertraglich festgelegt werden,[206] und bei ersterem sich die Gewinnaufteilung nach dem Beschluss der Gesellschafterversammlung richtet[207]. Oft wird das JV für Immobilien- oder Infrastrukturprojekte gewählt, da diese oft auf eine bestimmte Zeit begrenzt sind.

Möchte der ausländische Investor längerfristig auf dem chinesischen Markt Fuß fassen, hat er die Möglichkeit ein WFOE zu gründen, welches er, wie der Name schon aussagt, zu 100 % kontrolliert. Die gesetzlichen Normen für die Gründung eines WFOE ergeben sich aus verschiedenen Gesetzen. Zum einen ist es das WFOE-Gesetz

---

[205] Ebenda.
[206] Ebenda, S. 21.
[207] § 38 Nr. 7 GesG.

(WFOE-G)[208], den WFOE-Richtlinien (WFOE-R)[209], dem GesG, sowie dem VG. Gemäß Art. 82 WFOE-R fallen Unternehmen von Bürgern von Macau, Hong Kong, Taiwan und Auslandschinesen auch unter diese Gesetzgebung. Die Unternehmenstätigkeit beschränkt sich dabei auf die Listen des CFDI.[210] Da das WFOE gemäß Art. 18 WFOE-R eine haftungsbeschränkte Gesellschaft ist wird ein Stammkapital vorausgesetzt, dessen Höhe sich aus dem GesG ergibt und wie bei anderen Gesellschaften aus dem Tätigkeitsbereich ergibt. Die Genehmigung zur Errichtung muss beim MOFCOM eingeholt werden, welches den Genehmigungsprozess aber auch an lokale Behörden delegieren kann.[211] Vor der eigentlichen Antragsstellung ist

---

[208] MOFCOM (2003): Law on Wholly Foreign-Owned Enterprises.
[209] MOFCOM (2003): Detailed Rules for The Implementation of The Law on Wholly Foreign-Owned Enterprises.
[210] Art. 4 WFOE-R.
[211] Art. 7 WFOE-R.

der Investor verpflichtet den lokalen Behörden einen Bericht vorzulegen, aus dem hervorgeht, was der Zweck des WFOE ist, was es herstellt, welche Technologien dazu verwendet werden und welche Anforderungen an das Grundstück und die Energieversorgung bestehen.[212] Der eigentliche Antrag muss neben den üblichen Angaben zur Gründung einer Gesellschaft noch eine Liste von Gegenständen enthalten, die importiert werden müssen. Zusätzlich können die Behörden noch weitere Unterlagen anfordern.[213] Neben den Vorteilen, die eine Unabhängigkeit von chinesischen Teilhabern und eine volle Rechtspersönlichkeit mitbringt, birgt das chinesische Recht auch eine Gefahr. Denn gemäß Art. 5 WFOE-G kann der chinesische Staat das Unternehmen im öffentlichen Interesse gegen eine Kompensationszahlung enteignen. Wie

---

[212] Art. 9 WFOE-R.
[213] Art. 10 WFOE-R.

118

hoch diese Zahlung, die der chinesische Staat dem Unternehmer zahlt oder wie sie sich bemisst, geht jedoch nicht aus der Norm hervor.

Weitere Möglichkeiten sind die Errichtung einer AG mit ausländischem Kapital (Foreign Invested Company Limited by Shares; FICLS) oder einer Holding. Die Errichtung einer FICLS wurde anfangs in den FICLS-Regulierungen gesetzlich behandelt, wurde dann aber durch eine Anpassung des Gesellschaftsgesetzes in eben diesem geregelt.[214] Holdings spielen seit dem Beitritt zur WTO in China nur noch eine untergeordnete Rolle, da sie keinen Vorteil zu einem FIE bieten.[215]

---

[214] Bu (2009), S. 210, Rn. 54.
[215] Ebenda, Rn. 55.

4.2.3.3 Auflösung der Unternehmung

Die Liquidation von Unternehmen ausländischer Investoren werden zuvorderst im Gesellschaftsgesetz geregelt. Einzelne Regeln finden sich aber auch in den spezifischen Vorschriften der JV und der WFOE.

Die Gründe für eine Auflösung des Unternehmens ergeben sich aus § 181 GesG. Demnach wird das Unternehmen aus folgenden Gründen aufgelöst: 1) die Betriebsdauer ist gemäß Gesellschaftsvertrag abgelaufen oder ein anderer in der Satzung aufgeführter Auflösungsgrund ist eingetreten; 2) die Gesellschafter- bzw. die Hauptversammlung beschließt die Auflösung; 3) weil die Vereinigung oder Aufteilung der Gesellschaft ihre Auflösung erfordert; 4) weil der Gewerbeschein entzogen wurde und der Staat die Auflösung anordnet oder wenn ein Volksgericht die Auflösung gemäß § 183 GesG anweist. Nach § 183 GesG kann ein Volksgericht die Auflösung des Unternehmens anordnen, sollte das Unternehmen gegen die Interessen der Öffentlichkeit handeln und Gesellschafter,

120

die mindestens 10 % der Gesellschaftsanteile halten, das Volksgericht darum anrufen. Diese Gründe sind auch maßgebend für die Liquidation von FIS, wobei hier weitere Gründe wie Unwirtschaftlichkeit, der Bankrott oder Krieg und Naturkatastrophen zur Auflösung des Unternehmens führen[216].

Grundsätzlich ist zur Auflösung aber ein Antrag beim MOFCOM zu stellen.[217]

Gemäß § 185 GesG ist eine Abwicklungsgruppe, die gemäß § 184 GesG zu bilden ist, damit beauftragt fällige Steuern, Abgaben, Forderungen und Verbindlichkeiten zu bezahlen, Gläubiger und Geschäftspartner zu informieren und laufende Geschäfte abzuwickeln.

---

[216] Art. 72 WFOE-R.
[217] Bu (2009), S. 214, R. 6.

4.2.4 Wettbewerbsrecht

Als Reaktion des WTO-Beitritts 2001 schuf Peking 2007 das Antimonopolgesetz (AMG), welches wiederum aus dem Gesetz gegen unlauteren Wettbewerb von 1993 hervorging.[218] Das AMG ist dabei in acht Kapitel und insgesamt 57 Paragrafen unterteilt. Im Gesetz werden so Monopolvereinbarungen, Missbrauch marktbeherrschender Stellungen und Verwaltungen und Unternehmenszusammenschlüsse behandelt. Das Ziel der AMG wird in § 1 AMG definiert. Man möchte monopolistischen Handlungen vorbeugen und sie unterbinden, fairen Marktwettbewerb sichern, die Effizienz wirtschaftlicher Abläufe steigern, die Interessen der Verbraucher und das Allgemeininteresse schützen und die gesunde Entwicklung der sozialistischen Marktwirtschaft fördern. Zur Überwachung der Einhaltung setzt der Staatsrat gemäß § 9 AMG eine

---

[218] Ebenda, S. 242, R. 1.

Antimonopolkommission[219] ein, deren Aufgaben näher beschrieben wird. So sind dies etwa die Herausgabe neuer Richtlinien, Verfassung von Bewertungsberichten und die Koordination von Antimonopolverwaltungen.

Gemäß § 13 AMG sind Unternehmensvereinbarungen verboten, die den Preis festlegen, Märkte untereinander aufteilen, Produktmengen beschränken, den Einsatz neuer Technik beschränken oder zum Boykott Dritter aufrufen. Daneben hält sich die Antimonopolkommission weitere Verbote offen.

Die marktbeherrschende Stellung, die es nicht zu missbrauchen gilt, wird in § 17 II AMG beschrieben: *„Als ‚marktbeherrschende Stellung' bezeichnet dieses Gesetz die Marktstellung, die ein Unternehmen innehat, das auf dem betroffenen Markt Warenpreise oder -mengen oder*

---

[219] Diese ist dem MOFCOM unterstellt.

andere Geschäftsbedingungen kontrollieren oder die Fä-higkeit anderer Unternehmen, auf den betroffenen Markt zu kommen, behindern, beeinflussen kann.". Diesen Unternehmen ist es gemäß § 17 I AMG verboten unangemessen hohe oder niedrige Preise festzulegen, unangemessene Kaufbedingungen zu stellen oder auf unangemessene Art Geschäftspartner auszuwählen. Des Weiteren hält sich auch hier die Antimonopolkommission vor, weitere Verstöße festzustellen.

Die Paragrafen §20 – 31 AMG behandelt die Unternehmenszusammenschlüsse. Hierbei ist die Fusion von Unternehmen und der Erwerb von Kontrolle durch ein Unternehmen an einem anderen Unternehmen gemeint.[220] Unternehmen haben gemäß § 21 AMG ab einer bestimmten Meldegrenze einem Antimonopolvollzugsorgan mittels

---

[220] Vgl. § 21 AMG.

Dokumenten[221] Meldung zu erstatten und eine Genehmigung einzuholen, die sich wiederum an § 27 AMG orientiert. Versäumen sie das, ist der Zusammenschluss nicht rechtens. Wie hoch diese Meldegrenze allerdings ist, wird nicht erwähnt. Diese wird vermutlich von der Antimonopolkommission bestimmt.

Verwaltungen dürfen gemäß § 33 AMG ähnlich wie Unternehmen mit Marktbeherrschung ihre Stellung nicht missbrauchen.

Verstöße gegen das AMG können je nach Schwere und Täter zwischen 20.000 und 1 Million Yuan liegen (2.600 bis 130.000 Euro).[222]

---

[221] Um welche Dokumente es sich handelt kann § 23 AMG entnommen werden.
[222] Vgl. §§ 46, 52 AMG.

4.2.5 Schiedsgerichtsbarkeit

In den Medien wird in Bezug auf die OBOR-Initiative gelegentlich bemängelt, dass chinesische Schiedsgerichte bei Unstimmigkeiten zwischen europäischen und chinesischen Geschäftspartnern einschreiten.[223] Eine der bedeutendsten Schiedskommissionen Chinas ist dabei die 1956 ins Leben gerufene Chinese International Economic and Trade Arbitration Commission (CIETAC) mit Sitz in Peking.

Sie sieht ihre Aufgabe in der Schlichtung von Streitigkeiten in Bezug auf Ökonomie, Handel und Investitionen.[224] In den vergangenen Jahren wurde sie für internationale und nationale Streitbeilegungen immer wichtiger. Bearbeitete sie 1985 noch 38 Fälle waren es 2019 schon 3333 Fälle.[225] Bei ihren Schiedssprüchen handelt sie nach den

---

[223] Vgl. Martin (2018).
[224] CIETAC (Datum unbekannt): Introduction.
[225] CIETAC (2021): CIETAC Annual Caseload (Foreign-Related and Domestic).

126

New Yorker Konventionen.[226] Diesen haben sich auch Deutschland und andere Europäische Staaten unterworfen.[227] Damit eine Schiedskommission tätig werden kann, bedarf es eines schriftlichen Antrages, aus dem der Wille beider Parteien dazu hervorgeht und welche Schiedskommission damit betraut werden soll.[228] Beide Parteien wählen ein anwendbares Recht, dass angewendet werden soll.[229] Hierbei ist davon auszugehen, dass vornehmlich die Anwendung chinesischen Rechts vereinbart wird. Dies wirft ob der der sich im Wandel befindlichen Gesetzeslage in der Volksrepublik die Frage nach der Unabhängigkeit der Justiz in China auf.

---

[226] Vollständig: New Yorker Übereinkommen über die Anerkennung und Vollstreckung ausländischer Schiedssprüche;   Der vollständige Text kann auf der Website heruntergeladen werden.
[227] New York Arbitration Convention (Datum unbekannt).
[228] Bu (2009), S. 313, Rn. 4.
[229] Ebenda S. 315, Rn. 11.

4.2.6 Rechtsstaatlichkeit und unabhängige Justiz

Grundsätzlich kann man Peking nicht absprechen, sich formal und nach außen hin zu bemühen, rechtsstaatliche Strukturen zu entwickeln. So gab das ZK der KPCh jüngst einen Plan heraus, der bis 2025 ein *„sozialistisches Rechtsstaatlichkeitssystem chinesischer Prägung"* herausarbeiten soll und bis 2035 abgeschlossen sein soll, da in den Augen der Führung *„Rechtsstaatlichkeit ein Markenzeichen des Fortschritts der menschlichen Zivilisation und die grundlegende Art der Staatsführung"* ist und eine *„Etablierung des Glaubens an die Rechtsstaatlichkeit"* gewünscht ist.[230] Diese Ideen sind allerdings nicht neu. Schon 1997 wies der damalige Generalsekretär der KPCh; Jiang Zemin, darauf hin, dass China auf der Grundlage von Gesetzen regiert werden müsse und über eine unabhängige Gerichtbarkeit verfügen sollte.[231]

---

[230] Botschaft der VR China in der BR Deutschland (2021).
[231] Ahl (2005), S. 25.

128

Für westliche Beobachter gilt China aber dennoch als autoritär geführter Staat. Diese Annahmen sind auch nicht unbegründet. Die Gründe liegen hier jedoch nicht im operativen Politikbetrieb, sondern in den staatlichen Strukturen. So mag der Staat zwar seinen Bürgern Glauben an die Rechtsstaatlichkeit schenken wollen, doch müssen sie die KPCh dabei immer als höchste Instanz anerkennen[232]. Hier wird der Unterschied zwischen dem Modell der *„chinesischen Rechtsstaatlichkeit"* und der Rechtstaatlichkeit, die man in Europa kennt, deutlich. Nach westlichem Verständnis steht eben nicht eine einzelne Person oder Gruppe über dem Recht, sondern das Recht steht über allem und wird auch so von unabhängigen Einrichtungen in Form einer Gewaltenteilung durchgesetzt.

---

[232] Die chinesische Verfassung und auch die Gesetzestexte gehen dabei immer mehr oder weniger auf die gesellschafts   politische Ausrichtung ein.

129

2013 wurde das als *„Dokument Nr. 9"* bekannte *„Kommuniqué zur aktuellen Lage der ideologischen Sphäre"* enthüllt. In ihm wird in insgesamt sieben Punkten vor einem zu starken Einfluss des Westens auf China gewarnt:

1. Förderung von Demokratie nach westlichem Vorbild, die den Sozialismus chinesischer Prägung mittels Wahlen, Mehr-Parteiensystem und Gewaltenteilung untergräbt.

2. Förderung „universeller Werte" westlicher Prägung, wie Menschenrechte, Demokratie und Freiheit, die das theoretische Fundament der KPCh angreifen.

3. Stärkung der chinesischen Zivilgesellschaft, die als Gegengewicht zum Staat die Legitimation der Partei zerstören kann.

4. Verbreitung des Neoliberalismus, der mit Liberalisierung und Privatisierung das ökonomische System Chinas stört.

5. Aufkommen eines westlichen Journalismus, der mittels Pressefreiheit und einem ffreien Internet die Parteidisziplin gefährdet.
6. Eine kritische Geschichtsforschung, die die von der Partei ausgegebene Lesart von Ereignissen in der chinesischen Geschichte unterminiert.
7. Kritik an der Ausführung der der Reform- und Öffnungspolitik und des Sozialismus chinesischer Prägung, die mittels Begrifflichkeiten wie *„Staatskapitalismus"* oder *„kapitalistischer Sozialismus"* Verwirrung in der Bevölkerung stiftet und die weitere Entwicklung behindert.[233]

Diesen Gefahren soll durch eine besondere Aufmerksamkeit für den anhaltenden Kampf gegen falsche Ideologien

---

[233] Chinafile (2013).

von Parteimitgliedern auf allen Stufen, einer umfassenden ideologischen Unterweisung und einer Stärkung der
Führungskultur entgegengetreten werden.[234]

Laut Art. 78 der Verfassung sind die Volksgerichte in ihrer
Rechtsprechung unabhängig und unterstehen nur dem
Gesetz. Auch das Richterrecht (RichterG) sieht in § 8 Nr.
2 RichterG vor, dass Richter keine Einmischung von Ver-
waltungsorganen, öffentlichen Institutionen oder Einzel-
personen bei Gerichtsverhandlungen dulden sollen. Dennoch sind die Volksgerichte dem Volkskongress rechen-
schaftspflichtig. [235] Die Volkskongresse sind überdies
noch mit einem Kontrollrecht ausgestattet und können bereits ergangene Gerichtsurteile überprüfen.[236] Finanziell

---

[234] Ebenda.
[235] Art. 80 der chinesischen Verfassung.
[236] Bu (2009), S. 28, Rn. 14.

sind die Gerichte von den örtlichen Verwaltungen abhängig, die den Haushalt für sie festlegen.[237] Zudem sind viele Richter Mitglied der KPCh und somit bei ihrer Rechtsprechung der Partei unterworfen.[238] Dadurch besteht auch die Möglichkeit parteipolitischer Korruption und Machtspielen, die letztendlich auch ausländischen Investitionspartnern Unsicherheiten bringen.

4.3   Internationales Vertragsrecht

Da China keineswegs ein isoliertes, vom restlichen globalen Wirtschaftsverkehrs abgeschottetes Land ist und sich auch anderen Regelungen verpflichtet sehen muss, soll auf einige dieser globalen Verbindlichkeiten eingegangen werden.

---

[237] Eberl-Borges (2018), S. 83, Rn 204.
[238] Ebenda.

4.3.1 Wichtige internationale Vorschriften

Nachfolgend finden sich Bestimmungen der wichtigsten internationalen Bestimmungen zum Handel.

4.3.1.1 *Internationales Privatrecht*

Das internationale Privatrecht (IPR) oder auch Kollisionsrecht genannt ist anders als der Name vermuten lässt nationales deutsches Recht. Da dieses aber eine Involvierung ausländischer Akteure voraussetzt, soll es auch in diesem Abschnitt besprochen werden. In Art. 3 EGBGB findet sich am Ende der Norm die sinngemäße Erklärung, dass das internationale Privatrecht das anzuwendende Recht bestimmt, sofern bei einem Sachverhalt eine Verbindung zu einem ausländischen Staat gegeben ist. Somit lässt sich erkennen, dass es sich hierbei um Rechtsanwendungsrecht handelt, da dieses Recht die zu nutzende Rechtsordnung bestimmt. Anwendungsvoraussetzung ist allerdings ein Auslandsbezug. Adressat dieses Artikels ist der Richter des jeweiligen Forumstaates, der

134

bei einer Rechtsstreitigkeit angerufen wird. Ein deutscher Richter entscheidet also beispielsweise, ob nationales oder chinesisches Recht anzuwenden ist.[239]

Die wichtigste Norm des IPR im Rahmen internationaler Verträge ist die VO (EG) 593/2008 über das auf vertragliche Schuldverhältnisse anzuwendende Recht. Bekanntheit hat diese VO auch als Rom I-VO erlangt. Mit dem Inkrafttreten im Dezember 2009 wurden die Regeln des EGBGB in Bezug auf internationale Schuldverträge ersetzt.[240]

Die zentrale Norm befindet sich in Art. 3 I EGBGB. Diese leitet ab, dass sich das Recht bei vertraglichen Schuldverhältnissen mit Auslandsbezug vornehmlich nach Art. 3ff. Rom I-VO richtet. In Art. 21 Rom I-VO findet man eine Schranke. Ausländische Rechtsnormen dürfen demnach

---

[239] Ebenda.
[240] Grau & Markwardt (2011), S. 2.

nicht Anwendung finden, sofern sie die öffentliche Ord-
nung (*„ordre public"*) des Landes verletzen, in dem sich
das angerufene Gericht befindet.

Um Rechtsunsicherheiten vorzubeugen, sollte darauf ge-
achtet werden, dass in den internationalen Verträgen das
anzuwendende Recht niedergeschrieben ist. Europäischen Unternehmen ist es daher anzuraten in Verträgen,
die sie mit chinesischen Unternehmen eingehen festzu-
halten, dass sie bei Rechtsstreitigkeiten nach dem jeweiligen nationalen Recht verfahren, da dieses für sie ver-
trauter ist und sie auch vor etwaigen „bösen" Überra-
schungen geschützt sind.

4.3.1.2   *UN-Kaufrecht*

In Fällen von grenzüberschreitendem Warenhandel
kommt oftmals das UN-Kaufrecht (*„United Nations Convention on Contracts for the International Sale of Goods"*,

CISG)[241] zur Anwendung.[242] Es stellt ein international vereinheitlichtes Sachenrecht dar und steht damit den nationalen Normen vor. Damit ersetzt es das IPR. Dem Abkommen sind unter anderem auch die EU-Mitglieder und China bis mindestens 2025 beigetreten.[243] Ein Hinweis darauf, dass der Beitritt nach 2025 nicht verlängert wird, ist nicht ersichtlich.

Anwendung findet das Abkommen gemäß Art. 1 CISG bei Unternehmen, die Niederlassungen in unterschiedlichen Staaten haben, wenn a) die Staaten Vertragsstaaten sind oder b), wenn die Regeln des internationalen Privatrechts zur Anwendung des Rechts eines Vertragsstaats führen. Davon sind gemäß Art. 2 CISG Handelswaren, die zum Privatgebrauch bestimmt sind, Luft- und Seefahrzeuge,

---

[241] UN (2010): United Nations Convention on Contracts for the International Sale of Goods.
[242] Grau & Markwardt (2011), S. 6.
[243] UN (Datum unbekannt): Member States History.

elektrische Energie oder Wertpapiere ausgenommen. Allerdings fallen auch Werkverträge und Dienstleistungen unter das UN-Kaufrecht.[244]

Insgesamt erstreckt sich das UN-Kaufrecht über 99 Artikel, die das Zustandekommen von Verträgen[245], Pflichten der Vertragspartner[246], des Gefahrenübergangs[247] und allgemeine Bestimmungen regeln. Da das UN-Kaufrecht in sechs Sprachen verbindlich ist[248] und in internationalen Verträgen explizit ausgeschlossen werden muss[249], ist es eine „neutrale" Rechtsprechung, die den Vertragspartnern Sicherheit geben kann.

---

[244] Art. 3 CISG.
[245] Art. 14 – 24 CISG.
[246] Art. 30 – 65 CISG.
[247] Art. 66 – 70 CISG.
[248] Die deutschsprachige Fassung ist eine unverbindliche Hilfe.
[249] Art. 6 CISG ermöglicht den Ausschluss oder die Abweichung davon, sofern sich die Vertragspartner darauf einigen.

4.3.1.3   INCOTERMS

Bei den *International Commercial Terms* (Internationale Handelsklauseln, INCOTERMS) handelt es sich nicht um staatliches Recht, sondern ausschließlich um freiwillige privatrechtliche Klauseln. Anders wie etwa das UN-Kaufrecht sind sie nicht von sich aus gültig, sondern müssen von den Vertragspartnern gewünscht werden.

Die INCOTERMS wurden als Handelsklauseln geschaffen, um die Pflichten der Käufer und Verkäufer hinsichtlich der Verantwortlichkeit und des Gefahrenübergangs entlang der Transportkette zu klären.[250] Erdacht wurden diese Klauseln schon 1936 von der *International Chamber of Commerce* (Internationale Handelskammer, ICC), die von Händlern und Industriellen aus den USA und verschiedenen europäischen Ländern gegründet worden

---

[250] Müller & Steinmetz (2020), S. 25.

139

war.[251] Insgesamt neun Änderungen der INCOTERMS bis 2020 spiegeln den Wandel des Handels und Transport wieder. Die Verwendung dieser Klauseln wird mit einer Kombination von drei Buchstaben kenntlich gemacht und regelt den die Lieferung und den Zeitpunkt des Gefahren- übergangs.

Diese sind die folgenden elf Codes[252]:

1. **EXW** - Ex Works/Ab Werk
2. **FCA** - Free Carrier/Frei Frachtführer
3. **FAS** - Free Alongside Ship/Frei Längsseite Schiff
4. **FOB** - Free On Board/Frei an Bord
5. **CFR** - Cost and Freight/Kosten und Fracht
6. **CIF** - Cost, Insurance and Freight/Kosten, Versiche- rung und Fracht

---

[251] Ebenda.
[252] ICC (2020): Incoterms 2020; hier finden sich auch nä- here Erläuterungen.

140

7. **CPT** - Carriage Paid To/Frachtfrei
8. **CIP** - Carriage, Insurance Paid To/Frachtfrei versichert
9. **DAP**- Delivered At Place/ Geliefert benannter Ort
10. **DPU** - Delivered At Place Unloaded/Geliefert benannter Ort entladen
11. **DDP** - Delivered Duty Paid/Geliefert verzollt

Den INCOTERMS unterliegen dabei nur Handelswaren.[253] Werden beispielsweise Maschinen transportiert, die für die Produktion bestimmt sind, finden die IN-COTERMS keine Anwendung.

4.3.1.4 UNIDROIT
Des Weiteren können in internationalen Verträgen die Regeln des *Institut international pour l'unification du droit*

---

[253] Müller & Steinmetz (2020), S. 25.

privé (Internationales Institut für Privatrechtsvereinheitlichung; UNIDROIT) Eingang finden. Ihren Zweck sieht das Institut in der Notwendigkeit, insbesondere das Handelsrecht zwischen Staaten und Staatengruppen zu studieren, zu modernisieren, zu harmonisieren und zu vereinheitlichen.[254] Unter den 63 Mitgliedsstaaten befinden sich neben den Mitgliedern der EU auch China.[255] Ein wichtiger Arbeitsschritt von UNIDROIT sind die Grundregeln der internationalen Handelsverträge.[256] Insgesamt ist der Regelungsbereich weiter gefasst als der des CISG, da auch Fragen der Anfechtung, der Verrechnung, der Stellvertretung, die Behandlung von AGB, der Verjährung und die Stellung Dritter geklärt werden.[257] Die Anwendung ist jedoch nicht vom nationalen Recht entkoppelt, da

---

[254] UNIDROIT (2021): History and Overview.
[255] UNIDROIT (2020): Membership.
[256] Der deutschsprachige Text ist auf der Website zu finden.
[257] Andrae (2020).

die Parteien ein nationales Recht benennen müssen, sollten sie nicht ein Schiedsgericht mit der Streitlösung beauftragen und dieses sich ausschließlich auf diese Grundregeln stützt.[258] Sollten die Vertragspartner sich auf die Anwendung der UNIDROIT-Regeln einigen, muss dies vertraglich vereinbart werden.[259] Die Vorteile einer Einbeziehung der UNIDROIT-Regeln darin, dass diese helfen einen gemeinsamen Konsens zwischen den einzelnen Rechtsordnungen finden und zuweilen auch neue Rechtsschöpfungen hervorbringen.[260]

4.3.2 Vertragsgestaltung

An dieser Stelle sollen noch einmal die Grundlagen für einen erfolgreichen Vertragsabschluss aufgezeigt werden

---

[258] Andrae (2020).
[259] Präambel der Grundregeln.
[260] Grau & Markwardt (2011), S. 10.

und wie diese einerseits in der EU und anderseits in China Anwendung finden.

4.3.2.1 *Zustandekommen*

Das Zustandekommen eines Vertrages setzt sowohl im europäischen[261], als auch im chinesischen[262] Recht eine Einigung – üblicherweise durch Angebot und Annahme – der Parteien voraus. Damit der angestrebte Vertrag auch wirksam wird und sich eine Pflicht zur Leistung, Handlung oder Unterlassung ergibt, muss der Vertrag gewisse Mindestanforderungen – die *essentialia negotii* – erfüllen. Üblicherweise sind dies Namen und ggf. Anschriften der Vertragspartner, Vertragsgegenstand, Menge und Preis.[263] Auch sollten andere Gründe, wie etwa der Verstoß gegen

---

[261] Schulze & Zoll (2017), S. 151, Rn. 55.
[262] § 13 VG.
[263] Vgl. etwa § 433 BGB und § 12 VG.

das Strafgesetz, nicht zu einer Unwirksamkeit des Vertrages führen.

4.3.2.2 Formvorschriften

Die Formvorschriften für internationale Verträge innerhalb der EU richtet sich nach der Rom I-VO. Einschlägig ist hier Art. 11 Rom I-VO. Diesem Artikel nach orientiert sich die Formvorschrift entweder an den Formvorschriften, die am Ort des Vertragsabschlusses gültig sind oder an den Bedingungen, die gemäß Art. 3 Rom I-VO frei wählbar sind. Ausnahmen davon bilden Art. 11 IV und V Rom I-VO die sich an Verbraucher- bzw. Grundstücksverträge richten, nach denen das Recht des Staates gilt, in dem der Verbraucher seinen Sitz hat bzw. sich das Gebäude befindet. Die chinesischen Formvorschriften ergeben sich dabei aus § 10 VG, nach denen die Vertragspartner die Form, sofern gesetzlich oder behördlich nicht anders angeordnet, frei wählen dürfen. Eine Ausnahme dieser Regel sieht beispielsweise § 41 des Gesetzes zur Lenkung städtischer Immobilen vor. Auch hier muss der Vertrag schriftlich abgeschlossen werden. Auf Fälle, in denen eine Heilung aufgrund von Formverstößen möglich ist, wird vom Gesetzgeber indes nicht eingegangen.

4.3.2.3 Auslegungsmethoden

Bei internationalen Verträgen ist es wichtiger denn je, den Vertragstext so eindeutig zu gestalten, dass es keinen Bedarf gibt, dass die Vertragsparteien auf dispositive Normen zurückgreifen müssen.[264] Ratsam ist es also, sich auf die *essentialia negotii* zu beschränken, da diese in den jeweiligen zurate gezogenen Gesetzestexten zu den zwingenden Normen gehören.

Bei einer Notwendigkeit der Auslegung können die UNIDROIT-Regeln zu Rate gezogen werden. In Art. 4.1 steht, dass die Auslegung des Vertragstextes sich am Willen

---

[264] Grau & Markwardt (2011), S. 21.

der Parteien orientieren soll. Ist ein Wille jedoch nicht erkennbar, soll der Vertrag nach der Bedeutung ausgelegt werden, die ihm eine vernünftige Person unter gleichen Umständen geben würde. Weist ein Vertragstext Lücken auf, kann nach Art. 4.8 die Lücke mit einer ergänzenden Bestimmung unter Berücksichtigung von Parteiwillen, Natur und Zweck des Vertrags, Treu und Glauben und Angemessenheit geschlossen werden. Diese Art der Auslegung findet auch im chinesischen Vertragsrecht Anwendung.[265]

Eine weitere Hilfestellung mit staatsrechtlichem Bezug bietet die Wiener Vertragsrechtskonvention, der neben einigen europäischen Ländern auch China beigetreten ist. Diese empfiehlt eine teleologische Auslegung[266] – also der Frage nach dem Sinn und Zweck.

---

[265] §§ 61, 62, 125 VG.
[266] Junker (2019), S. 20, Rn. 29.

147

4.3.2.4   Weitere Besonderheiten

Beim Abschluss europäisch-chinesischer Verträge stellt sich zwangsläufig auch die Frage nach der Wahl der Währung. Für jeden der Vertragspartner ist es von Vorteil das Geschäft in seiner Landeswährung abzuschließen. Der Abnehmer hat beispielsweise ein Währungsrisiko, wohingegen der Lieferant Personal- oder Produktionskosten hat, die er üblicherweise in der Landeswährung zu begleichen hat. Natürlich sollte eine Währung vorab vertraglich vereinbart werden und ggf. ein fester Wechselkurs vereinbart werden. Geschieht das allerdings nicht, richtet sich die Währungsfrage nach dem Vertragsstatut.[267]

Ein weiteres Problem stellt die Sprachbarriere dar. Hier kann es zu Missverständnissen kommen. Ratsam wäre

---

[267] Maier-Reimer (1985), Rn. 2055.

148

es daher eine Verhandlungs- und Vertragssprache festzulegen, die alleinige rechtliche Wirksamkeit entfaltet.[268]
Trotzdem stellt sich die Frage, wer das Sprachrisiko aufgrund fehlender Sprachkenntnisse trägt. Dieses Risiko
muss gerichtlich verteilt werden.[269] Im internationalen
Handel geht man zumeist von der Kenntnis einer Welt-
sprache wie Englisch aus, die auch häufig Verwendung
findet. Sollte ein Partner in dieser vorausgesetzten Sprache Schwierigkeiten haben, trifft ihn üblicherweise das
Sprachrisiko.[270]

---

[268] Beispielsweise gibt es zwar eine deutsche Überset-
zung der CISG, doch ist diese nicht rechtlich verbindlich.
[269] Grau & Markwardt (2011), S. 50.
[270] Ebenda, S. 51.

4.3.3 Letter of Intent, Memorandum of Understanding, Term Sheet

Bei den folgenden Schriftstücken handelt es sich zwar um keine rechtsverbindlichen Verträge, doch können sie einem solchen den Weg ebnen. Vielmehr sind Letter of Intent (LoI), Memorandum of Understanding (MoU) und Term Sheet (TS) Instrumente, die zum einen den momentanen Verhandlungsstand widerspiegeln und zum anderen die Ernsthaftigkeit einer Verhandlung bezeugen.[271] Unter anderem können sie bei Vertragsverhandlungen Schadensersatzansprüche begründen, wenn der Vertragspartner kein ernsthaftes Interesse an einem Abschluss hat.[272] Bei der Auslegung dieser Absichtserklärungen ist zum einen der Wortlaut wichtig und zum ande-

---

[271] Busche in: Münchener Kommentar zum BGB, Vorb. §14, Rn. 58.
[272] Ebenda.

150

ren sind die Gepflogenheiten der Geschäftspartner wichtig.[273] Wie wichtig diese Erklärungen für China sind zeigt sich an der Anzahl der MoU, die China mit den verschiedenen Staaten und Organisationen schließt. Mit Stand 2018 hat China im Rahmen der OBOR-Initiative 123 solcher Erklärungen mit 105 Staaten und 26 weitere mit 29 mit internationalen Organisationen geschlossen.[274] Inhaltlich sind sie zumeist vage gehalten, wie ein 2019 zwischen China und Italien im Rahmen der OBOR-Initiative unterzeichnetes MoU zeigt. In dem Dokument sind zwar grob die Investitionsfelder wie Transport, Infrastruktur oder Finanzkooperation genannt, aber man übt sich dabei eher in blumigen Worten, wie beide Parteien *„will strengthen the bilateral communication and coordination [...]"* oder *„Both Parties share a common vision about the improvement of accessible, safe, inclusive and*

---

[273] Grau & Markwardt (2011), S. 82.
[274] Xinhuanet (2018): China signs MOUs with 37 African countries, AU on B&R development.

151

sustainable transport.".[275] Trotz dessen dass eine Absichtserklärung keine Bindungswirkung hat, wird geraten, dass dies auch so in die Erklärung geschrieben wird.[276] Im MoU zwischen Italien und China ist diese Klausel zwar auch als Schlussbemerkung enthalten[277], doch gibt es *„Zweifel und Unsicherheiten, welche Folgen eine solche Unterschrift für Italien haben würde - aus wirtschaftlicher Sicht, aber auch in politischer Hinsicht."*[278] – ein Zeichen dafür, dass die übrigen EU-Mitglieder diesen Schritt Italiens nicht gutheißen.

---

[275] MoU China-Italy.
[276] Grau & Markwardt (2011), S. 50.
[277] MoU China-Italy.
[278] Ng (2019).

Im Zuge des MoU wird auch immer wieder die Abhängigkeit anderer Länder wie Sri Lanka[279] erwähnt, welche aufgrund von Verschuldungen wichtige Einrichtungen an China abtreten. Im Frühjahr 2021 sind zudem Dokumente über Kreditverträge zwischen China und anderen Ländern aufgetaucht, die die Chinas Partner politisch und ökonomisch unter dessen Kontrolle stellen können.[280] Ein weiteres kritisches Vorgehen wird in den chinesischen Hilfslieferungen 2020 an Italien aufgrund der Corona-Pandemie gesehen. Auch hier lässt sich eine gewisse Kalkulation hinsichtlich seiner Seidenstraßen-Initiative erkennen; sagt doch China selbst: *"When handshakes are no longer encouraged in Europe, China's helping hand could make a difference"*[281]. Die EU könnte also einer

---

[279] Sri Lanka musste den Hafen Hambantota 2017 für 99 Jahre an China verpachtet, da es seine Schulden nicht mehr   bedienen konnte.
[280] Hierzu: *How China Lends: A Rare Look into 100 Dept Contracts with Foreign Governments* von AidData.
[281] Spohr & Ajeti (2020).

Spaltung entgegensehen und sollte Wege finden, dieser zu entgehen.

5 Europas Umgang mit der Seidenstraße

Nachdem wir nun den chinesischen Standpunkt herausgearbeitet haben, soll es hier nun um einzelne Strategien gehen, die die EU nutzen könnte, um stärker auf die bestehenden und kommenden Entwicklungen Einfluss zu nehmen. Einige dieser Mittel stehen der EU schon zur Verfügung. Eine andere hingegen könnte die EU noch entwickeln.

5.1 EU-China Abkommen

Mit der Ratifizierung des CAI 2022 könnte die EU die größte Möglichkeit haben, sich dem Einfluss Chinas zu erwehren. Noch ist der Text[282] jedoch eine vorläufige Ver-

---

[282] Einzusehen auf der Website der Europäischen Kommission.

sion. Zu den größten Erfolgen für europäische Unternehmen könnte es werden, dass sie nun keine Joint Ventures mit chinesischen Partnern eingehen müssen, wenn sie in der Volksrepublik investieren möchten, was bisher zu einen Technologieabfluss führte. Durch bessere Wettbewerbsbedingungen und einer verstärkten Transparenz im Bereich der staatlichen Subventionen soll für ausländische Unternehmen eine Investitionssicherheit geschaffen werden.

Die deutsche Bundesregierung fasst die Beschlüsse folgendermaßen zusammen:

1. China bietet einen größeren Marktzugang in Branchen des verarbeitenden Gewerbes.
2. In der Automobilbranche wird der Marktzugang für alternative Antriebe geöffnet und das Joint-Venture-Gebot abgeschafft.
3. Die Finanzdienstleistungsbranche soll weiter liberalisiert werden, Beteiligungsobergrenzen im

156

Bank-, Wertpapier- und Versicherungswesen und das Joint-Venture-Gebot abgeschafft werden.

4. China öffnet den Gesundheitssektor weiter und kippt das Joint-Venture-Gebot für Privatkrankenhäuser in größeren Städten wie Peking, Shenzhen, Guangzhou oder Shanghai.

5. China erwägt Aufhebungen der Zugangsbeschränkungen im Bereich der Ressourcen-Forschung und Entwicklung.

6. China stimmt hebt die Beschränkungen für Investitionen in Cloud-Dienste auf, behält aber eine Obergrenze von 50 % bei.

7. China lässt zu, dass EU-Unternehmen ungehindert einen Seeverkehr aufbauen können und

8. EU- Investoren dürfen ungehindert bis zu drei Jahre in chinesischen Tochterunternehmen arbeiten. [283]

Außerdem sollen Klima- und Menschenrecht in China stärker ausgebaut werden. Was allerdings für China gilt muss umgekehrt auch für die EU gelten. So fehlt aber angesichts der enormen Kapitalmittel der Punkt, wie die EU mit Subventionen chinesischer Firmen auf ihrem Territorium umgehen will. Insgesamt ist der momentane Inhalt des Abkommens noch dürftig und wenig aussagekräftig. Durch gegenseitige Sanktionen, die im Jahr 2021 ausgesprochen wurden, [284] könnte ein Zustandekommen des Abkommens auch ganz scheitern.

---

[283] Die Bundesregierung (2021): China öffnet sich für europäische Unternehmen.
[284] Vgl. Tagesschau (2021): China verhängt Sanktionen gegen EU-Politiker.

5.2   Der Seidenstraßengipfel

Um Unsicherheiten zu umgehen, bedarf es generell einer entschlossenen Vorgehensweise der europäischen Staaten und der EU. Sei es in der Nutzung bestehender Strukturen oder dem Aufbau eigener vergleichbarer Strukturen.

Eine bestehende Struktur ist das „*Belt and Road*"-Forum (BaRF). Dieser Gipfel fand 2017 erstmalig unter der Teilnahme von 130 Staaten und 70 Organisationen in Peking statt, um der Welt „*frische Ideen*" und Vorschläge in Bezug auf Handel und Wirtschaft zu unterbreiten.[285] Teilnehmer dieses Forums war 2019 auch der deutsche Bundeswirtschaftsminister Peter Altmaier.

---

[285] The State Council (2017): Belt and Road Forum to bring about fresh ideas.

Im Vorfeld bezeichnete er China als Europas Konkurrent, aber zugleich auch als Partner, gegen den man eine *„klare strategische Ausrichtung"* benötigt, um den Zugang zum chinesischen Markt für ausländische Investoren zu verbessern.[286] Zur Stärkung der deutschen und europäischen Industrie und Innovationskraft stellte er dort die *„Nationale Industriestrategie 2030"* vor. Sie sieht vor, ein Gegengewicht zu Chinas Projekt *„Made in China 2025"* zu sein und die nationale und europäische Wettbewerbsfähigkeit in Industrie und Technologie zu stärken.[287] Konkrete Beschlüsse bleibt Altmeier in seinem Strategiepapier aber schuldig. Erstaunlicherweise schien er auch

---

[286] BmWi (2019): Altmaier reist zur Seidenstraßen-Konferenz nach China.
[287] BMWi (2019): Nationale Industriestrategie 2030, S. 4; 8.

nicht mit chinesischen Offiziellen in Kontakt getreten zu sein.[288]

Gerade in den Gesprächen mit osteuropäischen EU-Staaten ging es China darum, dass diese die chinesisch-europäischen Beziehungen stärker bewerben sollten.[289] Die osteuropäische Schlüsselrolle innerhalb der Beziehungen erkennt man auch an den jährlich stattfindenden *„17+1"*-Gipfeln. Bei diesen Treffen versucht China die vornehmlich wirtschaftlich schlecht aufgestellten Länder Mittel- und Osteuropas mittels finanzieller Investitionen wirtschaftlich und politisch an sich zu binden.[290]

Hier sollte die EU geschlossen eigene Initiativen begründen und somit zum einen seine eigenen wirtschaftlichen,

---

[288] Offizielle Gespräche zwischen Europäern und China gab es nur mit Portugal, der Schweiz, Italien, Österreich, Ser bien, Ungarn und dem EU-Außenminister Borrell.
[289] Belt and Road Forum (2019): Headlines.
[290] Stefanescu (2013).

rechtlichen und politischen Werte bewerben und zum anderen Peking durch beispielsweise intensivere und attraktive Beitritts- oder Assoziationsgespräche mit Nicht-EU-Staaten in Osteuropa den Einfluss entreißen.

Wegweisend sollte für die EU dahingehend auch der aktuelle, im März 2021 verabschiedete, 14. Fünfjahresplan (2021-2025) von China sein. Peking möchte in den kommenden Jahren seine Entwicklung im Bereich der Innovationskraft, der Umweltfreundlichkeit und der Stärkung des Binnenmarktes stärker auf Qualität statt Quantität setzen.[291] Der verstärkte Fokus auf den Binnenmarkt soll dabei als Antwort auf die Risiken globaler Lieferketten, wie sie Corona und der Handelskonflikt mit den USA aufzeigten, verringern und China so in Bezug auf Handel,

---

[291] Bickenbach & Wan-Hsin (2021).

aber auch Technologie mittels eines *„doppelten Wirt-schaftskreislaufes"* [292] vom Ausland unabhängiger machen.[293]

5.3 Strategie zur Förderung der Konnektivität zwischen Europa und Asien

Ein Einfluss, den die EU für sich nutzen könnte, ist die schon bestehende *„Strategie zur Förderung der Konnektivität zwischen Europa und Asien"*. Hinter diesem etwas sperrigen Begriff verbirgt sich der 2018 ins Leben gerufene Gegenentwurf der EU zur BRI. Die damalige Hohe

---

[292] „Der erste der beiden Kreisläufe bezieht sich auf die inländische Wirtschaft. Chinas Führung möchte sie stärken. Das gilt für die Produktion, also das Angebot, und für den Konsum, also die Nachfrage. Der zweite Kreislauf bezieht sich aufs Ausland, auf ausländische Märkte." (Wang Dan), vgl.: Wiss. Dienst d. dt. Bundestages (2020), S. 6.
[293] Bickenbach & Wan-Hsin (2021).

Vertreterin der EU für Außen- und Sicherheitspolitik Mogherini äußerte sich wie folgt über dieses Projekt: *„Unser Ansatz beruht auf der bewährten Vorgehensweise der Europäischen Union: Aufbau tragfähiger Netze und Stärkung von Partnerschaften für nachhaltige Konnektivität in allen Sektoren auf der Grundlage gemeinsamer Regeln. Dies ist der europäische Weg zur Bewältigung von Herausforderungen und zur Nutzung von Chancen zum Wohle der Menschen in Europa und in Asien."[294]*. Mit Good Governance möchte man ähnlich wie bei der BRI die Regionen Europas und Asiens durch einen Aufbau von Infrastrukturmaßnahmen, Konnektivitätspartnerschaften zwischen Organisationen und Menschen, sowie durch eine nachhaltige finanzielle Förderung[295] für sich gewinnen. Eder merkt jedoch an, dass *„keine neuen Mit-*

---

[294] EU (2018): EU verstärkt ihre Strategie zur Förderung der Konnektivität zwischen Europa und Asien.
[295] Ebenda.

tel bereitgestellt wurden und die Vermarktung der eige-
nen Aktivitäten vernachlässigt wurde".[296] Dadurch, so
Eder weiter, steht eher China im Blick der öffentlichen
Wahrnehmung, was zusätzlich zur langsamen Bürokratie
hinderlich für die EU ist.[297]

5.4   Die Hanse als Vorbild

Dabei ist historisch betrachtet so ein Projekt wie die
Konnektivitätsstrategie für Europa nicht neu. Jahrhunder-
telang bestand mit der Hanse ein Gegenpart zur Seidenstraße, auf deren historisches Profil sich auch China
stützt. Sie könnte anders als die *„Strategie zur Förderung*
der Konnektivität zwischen Europa und Asien" durchaus
als werbendes Element gelten, insbesondere dadurch,
dass man eine geschichtliche Kontinuität vorweisen

---

[296] Hoppe (2019).
[297] Ebenda.

könnte, mit denen die Menschen etwas verbinden könnten. Ebenso wie die Seidenstraße verband die wirtschaftliche, politische und kulturell ausgerichtete Hanse nicht
nur Küsten- sondern auch Binnenstädte miteinander.
Durch die besondere Stellung der norddeutschen Stadt
Lübeck innerhalb der Hanse avancierten Teile des Lübi-
schen Rechts zu Hanserecht.[298] Dadurch, dass nun ein
deutsches Stadtrecht in anderen Hansestädten wie Riga
oder Nowgorod Anwendung fand und die Tatsache, dass
es überhaupt eine Art Hansisches Recht gab, kann man
durchaus von einer Vorform internationalen Rechts spre-
chen. Die Forschung dazu ist jedoch noch sehr über-
schaubar. Einer der größten Forscher zur Hanse, Sarto-
rius, stellte seine Ergebnisse schon Anfang des 19. Jahr-
hunderts vor. Er selbst benutze zwar den Ausdruck Hansisches Recht, schrieb aber auch, dass nur wenig dazu

---

[298] Groth (2016), S. 84ff.

bekannt ist und es häufig auf Privilegien im Ausland hinauslaufe.[299] Dennoch kann hier der Vorteil für die EU liegen. Während die Hanse – wenn auch rudimentäres – Recht anwenden konnte und somit eine politische Komponente innehatte, fehlte diese bei der alten Seidenstraße und muss erst in der heutigen Zeit erlernt werden. Die EU könnte sich so dem Konfuzius zugeschriebenen Satz *„Wenn jemand in der Lage ist, neues Wissen durch Überprüfung des alten Wissens zu erwerben, ist er als Tutor qualifiziert."* („Wēn gù ér zhī xīn, kě yǐ wéi shī yǐ.) annehmen und kommende Vernetzungen zwischen den Regionen stärker gestalten.

---

[299] Ebenda, S. 60ff.

6 Fazit

Der Aufbau des chinesischen Rechtssystem wurde bereits im Kaiserreich in Angriff genommen. Nach dessen Sturz und der Errichtung der Republik, welche wiederum von der Volksrepublik abgelöst wurde, verzögerte sich der stringente Aufbau eines rechtsstaatlichen Systems. Wegen der Unterbrechung durch die Kulturrevolution kam es erst infolge der Öffnungspolitik von Deng Xiaoping in den 1970ern zu einer erneuten Hinwendung auf die Gesetzesbildung. Obwohl die dadurch entstandenen Gesetzgebungen großen Nutzen im Hinblick auf die nun auf dem Weltparkett erschienene Volksrepublik stifteten, war es aufgrund der oft schnellen und verkürzten Umsetzung des Gesetzgebers notwendig, Anpassungen an die Bedürfnisse der sich rasch ändernden Gesellschaft und der Marktwirtschaft zu tätigen.

Als hervorzuhebender Grundzug des chinesischen Rechtssystems gilt der Fakt, dass man sich bei der Orientierung an ausländischen Regelwerken und insbesondere auf das deutsche BGB gestützt hat und somit das deutsche Recht einen erheblichen Einfluss auf das chinesische Recht entwickeln konnte. Nichtsdestotrotz ist aufgrund der politischen Machtstruktur innerhalb der KPCh eine Rechtssicherheit im westlichen Sinne nicht gewährleistet. Besonders Xi Jinping als erster Mann im Staat auf Lebenszeit sorgt aufgrund seiner wiederkehrenden harschen nationalistischen Rhetorik verbunden mit einer Anpreisung des chinesischen Models und einer Unterstützung für autoritäre Strukturen im Ausland für Sorgen in westlich-orientieren Kreisen.

Der Beitritt Chinas zur WTO und die Existenz weiterer internationaler Handelsabkommen und Regelungen wie etwa UNIDROIT oder INCOTERMS bindet Peking auch weiterhin in globale rechtliche Netzwerke ein, die einen

Alleingang, wie ihn sich die kommunistische Führung wünschen mag, schwer macht. Auf diesen Netzwerken und einer starken Einbindung Chinas in globale Prozesse sollte weiter aufgebaut werden, um einen angestrebten Alleingang und einen Ausbruch aus bereits bestehen Strukturen noch weiter zu erschweren bzw. zu unterbinden.

Insbesondere die EU sollte sich seiner Rolle im Seidenstraßenprojekt Chinas stärker bewusst werden. Aufgrund seiner ökonomischen und geopolitischen Bedeutung für die Welt und die EU im Besonderen, ist es für die EU unabdingbar, sich diesem Projekt stärker zu widmen und gestalterisch beherzter aufzutreten.

Diese Pflicht dazu spiegelt sich auch in der über 100 Jahre alten Heartland-Theorie MacKinders wider, die auch heutzutage von vielen Geostrategen aufgegriffen wird. Diese geht auf die Wichtigkeit der Kontrolle über Osteuropa und Zentralasiens ein, die in einer Kontrolle

170

der Peripherie mündet. Was als „*Great Game*" in die Geschichte einging ist, wie gezeigt, nicht vorbei. Auch wenn, der Abzug aus Afghanistan vordergründig für die Region etwas anderes zeigen mag.

Wie ebenfalls aufgezeigt wurde, hat die EU bereits die historischen wie auch gegenwärtigen Voraussetzungen mit Hanse, Konnektivitätsstrategie, CAI und diversen Foren diese Kontrolle zu erhalten bzw. zurückzuerhalten und auszubauen. Die schlussendliche Entscheidung der EU die Verhandlungen des CAI aufgrund von Menschenrechtsverletzungen als Sanktionen auszusetzen ist zwar aus westlich-demokratischer Sicht kurzfristig nachvollziehbar, doch könnte es langfristig für die EU von Nachteil sein, unsere Maßstäbe an China und Gesamtasien anzulegen. China wird sich von solchen Schritten nicht beirren lassen. Vielmehr verfolgt es unermüdlich seinen ehrgeizigen Plan weiter, bis 2049, pünktlich zum 100. Geburtstag der Volksrepublik, an der volkswirtschaftlichen Weltspitze zu stehen. Dieser Plan beinhaltet nicht nur eine stärkere Einbindung der EU in seine Einflusssphäre, sondern auch alle anderen Weltregionen. Die EU sollte daher seine zum Teil arrogante und eurozentrische Sicht dahingehend aufgeben, der chinesischen Führung einreden zu wollen, dass sie, die EU, federführend in der Verwirklichung und Weiterentwicklung chinesischer und globaler Pläne ist. Durch ihr passives, träges Verhalten ist sie das nicht.

Es lässt sich zwar nicht erkennen, dass China sein politisches und rechtliches System in Form des Kommunismus oder eines Sozialismus chinesischer Prägung in die Welt hinaustragen möchte, doch könnten politische und wirtschaftliche Abhängigkeiten den eigenen Handlungsspielraum massiv einschränken. Dies zeigt beispielsweise die erwähnte Hafenverpachtung in Sri Lanka. Ebenso verheißen die Enthüllungen um die ungleich gestalteten Kreditverträge zwischen China und anderen

Entwicklungsländern kein gutes Omen für die weitere Zusammenarbeit zwischen der Volksrepublik und der EU. Besonders pikant ist die Tatsachen, dass solche Kreditverträge auch mit den Ländern Montenegro und Serbien, welche sich um eine EU-Mitgliedschaft bemühen, unterzeichnet wurden. Das bedeutet, dass im Falle des Beitritts dieser Länder, Peking seinen Einfluss ohne ein weiteres Zutun ausweiten könnte und so die Staatengemeinschaft zu ungewollten Schritten verleiten könnte – ohne militärische Macht, sondern mit Mitteln der soft und sharp power, wie etwa Diplomatie, Beratung, dem Aufbau von Konfuzius-Instituten oder den angesprochenen Geheimverträgen. Dies sollte die EU geschlossen zu verhindern wissen.

Sanktionen und Rücktritte von Verhandlungen sollten aber keine Symbole eines Zusammenhaltes der Mitgliedsstaaten sein. Vielmehr erwirken sie den Eindruck, dass solche Schritte die Legitimation der KPCh innerhalb des Landes stärkt, da sich die national eingestimmte multiethnische Bevölkerung einem Angriff von außen ausgesetzt sieht und sich geschlossen hinter die Partei stellt. Die Wunden, die die *„ungleichen Verträge"* nach den Opiumkriegen in die jahrtausendealte Erfolgsgeschichte rissen, sind noch zu präsent und der Hunger nach Ressourcen und Wohlstand einer sich bereits rasch entwickelten Bevölkerung und Wirtschaft noch lange nicht gestillt. Die EU muss daher auf Peking zugehen und seine eigenen Pläne innerhalb der bestehenden Strukturen zu verwirklichen versuchen. Dies scheint aber der Knackpunkt zu sein. Es fehlt an einem langfristigen und zielstrebig verfolgten Konzept. Zwar werden immer wieder Phrasen und Pläne präsentiert, wenn China mit seinen wirtschaftlichen Engagements im medialen Rampenlicht steht, doch sind diese nie greifbar und schnell wieder von der Tagesordnung verschwunden. Dies lässt die EU nach außen hin schwach erscheinen, was sie für autoritäre Regime angreifbar macht. Nur mit einem starken Gegenmodel kann

174

die EU es schaffen, sich eines zu großen Einflusses Chinas zu erwehren.

Die Tatsache, dass China bereits jetzt auf deutsche und europäische Rechtsnormen zurückgreift, sollte die EU als eine einmalige Chance sehen, sein Rechtsverständnis in der Volksrepublik weiter auszubauen. Möglichkeiten, die ebenfalls den Instrumenten der soft power zuzuordnen sind, hat die EU genug.

Die Welt befindet sich gerade in einer dritten Machtverschiebung. Die erste Machtverschiebung erfolgte zugunsten Europas und setzte um 1492 mit der Entdeckung Amerikas durch Kolumbus und weiteren Entdeckungen durch europäische Seefahrer ein. Sie währte bis zu Ende des ersten Weltkrieges, als diese Rolle, durch die noch immer europäisch geprägte USA eingenommen wurde. Diese Macht entgleitet nun beständig Richtung östliches Asien und hier insbesondere nach China. Da diese neue Macht nicht mehr europäisch geprägt sein wird, könnten

sich in der späteren Phase dieses Umbruchs auch langfristig die für uns vertrauten Rechtsnormen zugunsten
„asiatischer Werte" und Rechtsauffassungen, wie sie
Peerenboom beschrieben hat, verändern. Insbesondere
da im Ein-Parteien-System Chinas die KPCh keine Anzei-
chen von innerer oder äußerer Schwäche zeigt. Diese bestehende Gefahr einer *„Sinisierung"*, die sich im Zuge des
fortschreitenden unumgänglichen Ausbaus der BRI auf-
baut, sollte die EU unbedingt vermeiden und im Hinblick
auf die starken wirtschaftlichen Beziehungen eine weitere
Liberalisierung des chinesischen Rechts vor allem im
Umgang mit ausländischen Partnern forcieren.

7   Literaturverzeichnis

The State Administration for Industry & Commerce (SAIC). (kein Datum). *About us*. Von Mission: https://web.archive.org/web/20071219181315/h ttp://www.saic.gov.cn/english/About%20Us/t200 60225_14598.htm abgerufen.

Ahl, B. (2005). *China auf dem Weg zum Rechtsstaat?* Konrad-Adenauer-Stiftung.   Von https://www.kas.de/c/document_library/get_file? uuid=68ff9425-dd43-046d-883e-042e81cbbe98&groupId=252038 abgerufen.

AIIB. (kein Datum). *Asian Infrastructure Investment Bank*. Von Members and Prospective Members of the Bank: https://www.aiib.org/en/about-aiib/governance/members-of-bank/index.html abgerufen.

IV

Amnesty International. (2020). *Todesurteile und Hinrichtungen 2019 - Länderübersicht.* Von https://www.amnesty.de/sites/default/files/2020-04/Todesstrafe-2019-Todesurteile-Hinrichtungen-Laenderuebersicht-April-2019.pdf abgerufen

Andrae, M. (April 2020). *Nr. 3: UNIDROIT-Grundregeln der internationalen Handelsverträge.* Potsdam: Universität Potsdam. Von https://girinair8.files.wordpress.com/2010/02/ipr-bt_iii-03.pdf abgerufen.

Backer, L. C. (2006). *The Rule of Law, the Chinese Communist Party, and Ideological Campaigns: Sange Daibiao (the 'Three Represents'), Socialist Rule of Law, and Modern Chinese Constitutionalism.* Pensylvania State University.

BDI. (01. Oktober 2020). *China in der Welthandelsorganisation* . Von

https://bdi.eu/artikel/news/china-in-der-wto/
abgerufen.

Bernstein, R., & Munro, R. (1997). *Der kommende Konflikt mit China.* München: Heyne.

Bērziņa-Čerenkova, U. A. (28. Juli 2016). *Latvijas Ārpolitikas institūts.* Von BRI Instead of OBOR – China Edits the English Name of its Most Ambitious International Project: https://www.lai.lv/viedokli/bri-instead-of-obor-china-edits-the-english-name-of-its-most-ambitious-international-project-532 abgerufen.

Bickenbach, F., & Wan-Hsin, L. (April 2021). Chinas neuer Fünfjahresplan: Wirtschaftliche Kernelemente und Implikationen für Deutschland und Europa. *Institut für Weltwirtschaft.* Von https://www.ifwkiel.de/de/publikationen/kiel-focus/2021/chinas-neuer-fuenfjahresplan-wirtschaftliche-kernelemente-und-implikationen-fuer-deutschland-und-europa-0/ abgerufen

Binding, J. (2012). *Das Gesetz der VR China über die deliktische Haftung.* Berlin: De Gruyter.

Bird, M. (08. Oktober 2014). China Just Overtook The US As The World's Largest Economy. *Business Insider.* Von https://www.businessinsider.com/china-overtakes-us-as-worlds-largest-economy-2014-10?r=DE&IR=T abgerufen.

BMWi. (2019). *Nationale Industriestrategie 2030.* Berlin: BMWi. Von https://www.bmwi.de/Redaktion/DE/Publikationen/Industrie/nationale-industriestrategie-2030.pdf?__blob=publicationFile&v=28 abgerufen.

Botschaft der VR China in der BR Deutschland. (12. Januar 2021). *China gibt Plan zum Aufbau von Rechtsstaatlichkeit heraus.* Von http://de.china-embassy.org/det/zgtphsz/t1845928.htm abgerufen.

BP. (2020). *Statisticaly Review of World Energy 2020.* Von https://www.bp.com/content/dam/bp/business-sites/en/global/corporate/pdfs/energy-economics/statistical-review/bp-stats-review-2020-full-report.pdf abgerufen

Bu, Y. (2009). *Einführung in das Recht Chinas.* München: C.H. Beck.

Bureau du Conseiller Economique et Commercial à Madagascar. (09. September 2019). *Bureau du Conseiller Economique et Commercial à Madagascar.* Von Foreign Investment Law of the People's Republic of China:

http://mg2.mofcom.gov.cn/article/policy/China/2
01909/20190902898870.shtml abgerufen

Butcher Piat, H. (11. Oktober 2018). *China's New State Administration for Market Regulation*. *China Briefing*. Von https://www.china-briefing.com/news/chinas-state-administration-for-market-regulator-samr/ abgerufen.

Charbonneau, L. (30. Oktober 2019). *Human Right Watch*. Von Countries Blast China at UN Over Xinjiang Abuses: https://www.hrw.org/news/2019/10/30/countries-blast-china-un-over-xinjiang-abuses abgerufen.

China Heute. (21. März 2019). *In vier Jahrzehnten 700 Millionen Menschen aus der Armut befreit –Was ist Chinas Erfolgsrezept?* Von http://german.chinatoday.com.cn/2018/jdschwer

punkt/201903/t20190321_800162832.html
abgerufen.

China International Economic and Trade Arbitration
Commission (CIETAC). (2021). *CIETAC Annual
Caseload (Foreign-Related and Domestic)*. Von
http://www.cietac.org/index.php?m=Page&a=in
dex&id=40&l=en abgerufen

China International Economic and Trade Arbitration
Commission (CIETAC). (kein Datum).
Introduction. Von
http://www.cietac.org/index.php?m=Page&a=in
dex&id=34&l=en abgerufen.

Chinafile. (8. November 2013). *Chinafile*. Von How Much
Is a Hardline Party Directive Shaping China's
Current Political Climate?:
https://www.chinafile.com/document-9-chinafile-
translation abgerufen.

CIA. (2021). *The World Factbook: China.* Von
https://www.cia.gov/the-world-
factbook/countries/china/ abgerufen

Desrayaud, L. (2020). *Reuters Graphics.* Von European
companies' exposure to China:
https://graphics.reuters.com/USA-CHINA-
MARKETS-EU/0100900600D/index.html
abgerufen.

Die Bundesregierung. (2021). *China öffnet sich für
europäische Unternehmen.* Von
https://www.bundesregierung.de/breg-
de/aktuelles/eu-china-investitionsabkommen-
1834304 abgerufen.

Drege, J.-P. (1996). *Seidenstraße.* Köln: vgs Verl.- Ges.

Drobe, M., & Killiches, F. (Mai 2014). *Bundesanstalt für
Geowissenschaften und Rohstoffe.* Von
Vorkommen und Produktion mineralischer
Rohstoffe:
https://www.bgr.bund.de/DE/Themen/Min_rohst

offe/Downloads/studie_rohstoffwirtschaftliche_e
inordnung_2014.pdf?__blob=publicationFile&v=
4 abgerufen

Eberl-Borges, C. (2018). *Einführung in das chinesische Recht.* Baden-Baden: Nomos.

El-Menouar, Y. (kein Datum). *europeinfos.* Von Die religiöse Landschaft in Europa: http://www.europe-infos.eu/die-religioese-landschaft-in-europa abgerufen

Ernst & Young. (2020). *Chinesische Unternehmenskäufe in Europa.* Von https://assets.ey.com/content/dam/ey-sites/ey-com/de_de/news/2020/02/ey-china-ma1-februar-2020.pdf abgerufen.

Ernst, S. (12. 10 2009). *Bundeszentrale für politische Bildung.* Von Die Debatte um "asiatische Werte": https://www.bpb.de/internationales/weltweit/me nschenrechte/38715/asiatische-werte abgerufen.

EU. (2014). *Annex.* Von The urbanisation of Europe and the World: https://ec.europa.eu/regional_policy/sources/conferences/urban2014/doc/issues_paper_annex.pdf abgerufen.

EU. (19. September 2018). *EU verstärkt ihre Strategie zur Förderung der Konnektivität zwischen Europa und Asien.* Von https://ec.europa.eu/commission/presscorner/detail/de/IP_18_5803 abgerufen.

EU. (März 2020). *Directorate General for Trade.* Von Client and Supplier Countries of the EU27 in Merchandise Trade: https://trade.ec.europa.eu/doclib/docs/2006/september/tradoc_122530.pdf abgerufen

EU. (2020). *EU-China trade and investment relations in challenging times.* Policy Department for External Relations. Von https://www.europarl.europa.eu/RegData/etude

s/STUD/2020/603492/EXPO_STU(2020)60349
2_EN.pdf abgerufen.

EU. (30. Dezember 2020). *Key elements of the EU-China Comprehensive Agreement on Investment.* Von https://ec.europa.eu/commission/presscorner/d etail/en/ip_20_2542 abgerufen

EU. (kein Datum). *Die EU – kurz gefasst* . Von Ziele und Werte der EU: https://europa.eu/european-union/about-eu/eu-in-brief_de abgerufen.

Eurostat. (März 2021). *China-EU - international trade in goods statistics.* Von https://ec.europa.eu/eurostat/statistics-explained/index.php?title=China-EU_-_international_trade_in_goods_statistics#EU-China_trade_by_type_of_goods abgerufen

Fang, C., Yang, D., & Meiyan, W. (2009). *Employment and inequality outcomes in China.* Chinese Academy of Social Sciences.

Gesetze Chinas. (kein Datum). *Chinas Recht*. Von
http://www.chinas-recht.de/inhalt.htm abgerufen

Godehardt, N. (2014). *Chinas »neue«*
Seidenstraßeninitiative. *Regionale*
Nachbarschaft als Kern der chinesischen
Außenpolitik unter Xi Jinping. Berlin: SWP.

Grau, C., & Markwardt, K. (2011). *Internationale Verträge.*
Heidelberg: Springer-Verlag.

Groth, C. (2016). *Hanse und Recht. Eine*
Forschungsgeschichte. Berlin: Duncker &
Humblot.

Heilmann, S. (2002). *Das politische System Chinas.*
Leverkusen: Westdeutscher Verlag.

Heuser, R. (2006). *Grundriss des chinesischen*
Wirtschaftsrechts . Hamburg: Institut für
Asienkunde.

Höhler, G. (26. November 2008). Chinesen übernehmen
Hafen in Piräus. *Handelsblatt.* Von
https://www.handelsblatt.com/politik/internation

al/knotenpunkt-fuer-osteuropa-chinesen-
uebernehmen-hafen-in-
piraeus/3060920.html?ticket=ST-1940104-
BJuL0L5jU22BXxESZvZe-ap3 abgerufen

Hoppe, T. (15. August 2019). EU-Staaten beobachten
Chinas Seidenstraßen-Initiative mit wachsender
Besorgnis. *Handelsblatt.* Von
https://www.handelsblatt.com/politik/internation
al/infrastrukturpolitik-eu-staaten-beobachten-
chinas-seidenstrassen-initiative-mit-
wachsender-
besorgnis/24902742.html?ticket=ST-6371503-
DKqqwyzanchA4SzhAuzM-ap5 abgerufen

International Chamber of Commerce Germany (ICC).
(2020). *Incoterms 2020.* Von
https://www.iccgermany.de/standards-
incotermsr/incoterms2020/ abgerufen.

International Institute for the Unification of Private Law
(UNIDROIT). (30. Oktober 2020). *Membership.*

Von   https://www.unidroit.org/about-
unidroit/membership abgerufen.

International Institute for the Unification of Private Law
(UNIDROIT). (11. Februar 2021). *History and
Overview.* Von https://www.unidroit.org/about-
unidroit/overview abgerufen.

Jianping, Y. (26. Oktober 2016). *Wiley Online Library.* Von
Who is Jobless? A Comparison of Joblessness
in Rural and Urban Areas in China:
https://onlinelibrary.wiley.com/doi/full/10.1111/a
swp.12112 abgerufen.

Junker, A. (2019). *Internationales Privatrecht.* München:
C.H. Beck.

KPCh. (2002). *Bericht auf dem XVI. Parteitag der
Kommunistischen Partei Chinas.* Peking. Von
http://german.china.org.cn/archive2006/txt/2002
-11/19/content_2050814.htm abgerufen

Liming, W. (2006). *Study on Crucial & Difficult Problems of China's Civil Code.* Peking: Renmin University.

Long, G. (2005). *China's Policies on FDI: Review and Evaluation.* Washington D.C.: Institute for International Economics.

Lorenz, M. (2014). *Investment in der Volksrepublik China.* Wiesbaden: Springer Gabler.

Maier-Reimer, G. (1985). Fremdwährungsverbindlichkeiten. *NJW*, S. 2049-2055.

Martin, N. (23. August 2018). *Deutsche Welle.* Von "Europa braucht eine Antwort auf die Seidenstraße": https://www.dw.com/de/europa-braucht-eine-antwort-auf-die-seidenstra%C3%9Fe/a-45180456 abgerufen.

Mattheis, P. (2013). Anders und trotzdem gleich. *prmagazazin*(6). Von http://www.prmagazin.de/meinunganalyse/hintergrund/anders-und-trotzdem-gleich.html abgerufen.

McGregor, R. (1. März 2018). *Wallstreet Journal*. Von Xi Jinping's Ideological Ambitions: https://www.wsj.com/articles/xi-jinpings-ideological-ambitions-1519950245 abgerufen.

Merle, J., Herzner, R., & Schmitz-Bauerdick, F. (08. Juli 2020). *Germany Trade & Invest*. Von Vertragsrecht in China : https://www.gtai.de/gtai-de/trade/recht/rechtsbericht/china/vertragsrecht-in-china-250906 abgerufen.

Mertens, M. (2019). *Did Richthofen Really Coin "The Silk Road"?* Von https://edspace.american.edu/silkroadjournal/wp-content/uploads/sites/984/2020/02/2-Mertens-Did-Richthofen-Really-Coin-the-Silk-Road.pdf abgerufen.

Miller, J., & Walker, M. (06. Januar 2010). China Dethrones Germany as Top Goods Exporter.

The Wallstreet Journal. Von https://www.wsj.com/articles/SB126272143898 416853?mod=WSJEUROPE_hpp_MIDDLESec ondStories abgerufen.

Ministry of Commerce People's Republic of China (MOFCOM). (14. Januar 2003). *Detailed Rules for The Implementation of The Law on Wholly Foreign-Owned Enterprises.* Von http://english.mofcom.gov.cn/aarticle/lawsdata/c hineselaw/200301/20030100062868.html abgerufen.

Ministry of Commerce People's Republic of China (MOFCOM). (14. Januar 2003). *Law on Wholly Foreign-Owned Enterprises.* Von http://english.mofcom.gov.cn/aarticle/lawsdata/c hineselaw/200301/20030100062858.html abgerufen.

Mühlemann, G. (2006). *Chinas Experimente mit westlichen Staatsideen.* Zürich: Zürcher Studien zur Rechtsgeschichte.

Müller, W., & Steinmetz, U. (2020). *Internationale Handelsklauseln: Struktur und Einsatz am Beispiel der Incoterms® 2020.* Wiesbaden: Springer Gabler.

National Bureau of Statistics of China. (2020). *China Statistical Yearbook 2020.* Von Foreign Direct Investment by Sector (2019): http://www.stats.gov.cn/tjsj/ndsj/2020/indexeh.htm abgerufen

National Bureau of Statistics of China. (2020). *China Statistical Yearbook 2020.* Von International Trade in Goods by Country (Region) of Orign/Destination (2019): http://www.stats.gov.cn/tjsj/ndsj/2020/indexeh.htm abgerufen.

National Bureau of Statistics of China. (kein Datum). *China Statistical Yearbook 2020.* Von Foreign Direct Investment by Country (Region): http://www.stats.gov.cn/tjsj/ndsj/2020/indexeh.h tm abgerufen.

National Development and Reform Commission. (März 2015). *VISION AND ACTIONS ON JOINTLY BUILDING SILK ROAD ECONOMIC BELT AND 21ST-CENTURY MARITIME SILK ROAD.* Von de.china-embassy.org/det/zt/yidaiyilude/t1250293.htm abgerufen

National Enterprise Credit Information Publicity System. (kein Datum). Von http://www.gsxt.gov.cn/index.html abgerufen

New Delhi Television. (24. May 2017). S, India To Revive 'New Silk Road' Seen As Counter To China's Belt And Road Project. *New Delhi Television.* Von https://www.ndtv.com/india-news/us-indiato-revive-new-silk-road-to-counter-chinas-belt-and-road-obor-project-1697632 abgerufen.

New York Arbitration Convention. (kein Datum). *Contracting States.* Von https://www.newyorkconvention.org/countries abgerufen

Ng, N. (21. März 2019). Italien als Teil von Chinas Seidenstraße? *Deutsche Welle.* Von https://www.dw.com/de/italien-als-teil-von-chinas-seidenstra%C3%9Fe/a-48006558 abgerufen.

OECD. (kein Datum). *Gross domestic spending on R&D.* Von https://data.oecd.org/rd/gross-domestic-spending-on-r-d.htm abgerufen

Peerenboom, R. (2009). *China's Long March toward Rule of Law.* Los Angeles: University of California.

Rezakhani, K. (01. Dezember 2010). The Road That Never Was: The Silk Road and Trans-Eurasian Exchange. *Comparative Studies of South Asia,*

XXIII

Africa and the Middle East, 30(3), S. 420–433.
Von
https://read.dukeupress.edu/cssaame/article-
abstract/30/3/420/59629/The-Road-That-Never-
Was-The-Silk-Road-and-
Trans?redirectedFrom=fulltext abgerufen

Roderich, P. (2007). Edward L Dreyer: Zheng He. China
and the Oceans in the Early Ming Dynasty, 1405-
14. *Archipel*(74).

Rübig, P. (kein Datum). *Dr. Paul Rübig*. Von Die
Rohstoffpolitik der Europäischen Union:
http://paulruebig.eu/38-
presse/pressespiegel/797-rohstoff-und-
energiestrategie-in-der-europaeischen-union-iv
abgerufen.

Schmidt-Glintzer, H. (2009). *Das neue China – Von den
Opiumkriegen bis heute*. München: C.H. Beck.

XXIV

Schübeler, A. (2018). *Die neue Kodifikationsrunde des chinesischen Zivilrechts und die Rolle des deutschen Rechts.* Freiburg: Freilaw.

Schulze, R., & Zoll, F. (2017). *Europäisches Vertragsrecht.* Baden-Baden: Nomos.

Seto, K. (2013). What Should We Understand about Urbanization in China? *Yale Insights.* Von https://insights.som.yale.edu/insights/what-should-we-understand-about-urbanization-in-china abgerufen.

Shi, P. (2003). *Die Prinzipien des chinesischen Vertragsrecht (Diss.).* Gießen: Universität Gießen.

Simms, B. (kein Datum). Das Gute am Brexit. (K. Stiftung, Interviewer) Von https://www.koerber-stiftung.de/themen/europa-zusammenhalten/beitraege-2019/interview-simms abgerufen

Spohr, K., & Ajeti, F. (April 2020). China's new Silk Road: How Xi Jinping will exploit a divided EU. *New Statesman.*

Staiger, B. (2003). *Das große China-Lexikon. Geschichte, Geographie, Gesellschaft, Politik, Wirtschaft, Bildung, Wissenschaft, Kultur.* Darmstadt.

Statista. (Ende 2016). *Anteil der Finanzquellen an der Finanzierung der Belt and Road Initiative.* Von https://de.statista.com/statistik/daten/studie/105 1687/umfrage/aufteilung-der-finanzierung-der-neuen-seidenstrasse-nach-quellen/ abgerufen

Statista. (Oktober 2020). *China: Arbeitslosenquote von 1980 bis 2018 und Prognosen bis 2025.* Von https://de.statista.com/statistik/daten/studie/167 111/umfrage/arbeitslosenquote-in-china/ abgerufen.

Statista. (Oktober 2020). *China: Wachstum des realen Bruttosozialproduktes (BIP) von 1980 bis 2019 mit Prognosen bis 2025.* Von

https://de.statista.com/statistik/daten/studie/145
60/umfrage/wachstum-des-
bruttoinlandsprodukts-in-china/ abgerufen

Statista. (Juni 2020). *Erdgasförderung in der Europäischen Union in den Jahren von 1970 bis 2019.* Von https://de.statista.com/statistik/daten/studie/408 15/umfrage/europaeische-union---erdgasproduktion-in-milliarden-kubikmeter/ abgerufen.

Statista. (Juni 2020). *Erdölförderung der Europäischen Union in den Jahren von 1965 bis 2019.* Von https://de.statista.com/statistik/daten/studie/403 11/umfrage/europaeische-union---erdoelproduktion-in-millionen-tonnen/ abgerufen.

XXVII

Statista. (November 2020). *Jährliches Pro-Kopf-Einkommen der Haushaltsmitglieder in China in den Jahren 1978 bis 2019.* Von https://de.statista.com/statistik/daten/studie/220596/umfrage/jaehrliches-pro-kopf-einkommen-der-haushaltsmitglieder-in-china/ abgerufen.

Statista. (Februar 2020). *Statista.* Von Degree of urbanization in China from 1980 to 2019: https://www.statista.com/statistics/270162/urbanization-in-china/ abgerufen

Statista. (April 2020). *Value of Chinese Foreign Direct Investment to EU-28 from 2010 to 2019, by ownership of investment.* Von https://www.statista.com/statistics/1084385/china-foreign-direct-investment-to-eu-by-ownership-of-investment/ abgerufen.

Statista. (Februar 2021). *Währungsreserven von China von 2010 bis 2020.* Von https://de.statista.com/statistik/daten/studie/219

XXVIII

312/umfrage/waehrungsreserven-von-china/
abgerufen.

Statistisches Bundesamt. (2020). *China: Statistisches
Länderprofil.* Von
https://www.destatis.de/DE/Themen/Laender-
Regionen/Internationales/Laenderprofile/china.
pdf?__blob=publicationFile abgerufen

Stefanescu, C. (27. November 2013). *Generalkonsulat
der VR China in Frankfurt a. M.* Von China klopft
an das östliche Tor Europas:
http://frankfurt.china-
consulate.org/det/zg/t1103201.htm abgerufen.

Sutter, K. (2006). China's "Win-Win" Trade Policy. *China
Business Review.* Von
http://www.hrs3.net/nfatc/readings/SutterKaren
Commentary.pdf abgerufen

Tetz, S. (2017). Auslandsinvestitionen chinesischer
Unternehmen – Rechtssicherheit vs. politische
Steuerung? *Zeitschrift für chinesisches Recht.*

XXIX

The State Council: The People´s Repuclic of China.
(2014). *The State Council: The People´s
Repuclic of China*. Von Ethnic Groups in China:
http://english.www.gov.cn/archive/china_abc/20
14/08/27/content_281474983873388.htm
abgerufen.

The State Council: The People´s Repuclic of China. (03.
September 2014). *The State Council: The
People´s Repuclic of China*. Von Ministry of
Human Resources and Social Security
(MOHRSS):
http://english.www.gov.cn/state_council/2014/0
9/09/content_281474986284102.htm
abgerufen.

The State Council: The People´s Repuclic of China. (12.
Mai 2017). *The State Council: The People´s
Repuclic of China*. Von Belt and Road Forum to
bring about fresh ideas :

XXX

http://english.www.gov.cn/news/video/2017/05/
12/content_281475653319187.htm abgerufen.

Unbekannt. (10. Mai 2012). The end of cheap China. *The
Economist.* Von
https://www.economist.com/business/2012/03/1
0/the-end-of-cheap-china abgerufen

Unbekannt. (2013). Circling the wagons. *The Economist.*
Von
https://www.economist.com/china/2013/05/25/ci
rcling-the-wagons abgerufen

Unbekannt. (04. Juli 2016). Noch ein Großaktionär
verkauft seine Kuka-Anteile. *Frankfurter
Allgemeine Zeitung.* Von
https://www.faz.net/aktuell/wirtschaft/unternehm
en/chinesen-erhalten-den-zuschlag-noch-ein-
grossaktionaer-verkauft-seine-kuka-anteile-
14323360.html abgerufen.

Unbekannt. (05. Juli 2016). Um wichtiges Wissen in
Europa zu halten. *Frankfurter Allgemeine*

Zeitung. Von
https://www.faz.net/aktuell/wirtschaft/guenther-
oettinger-schlaegt-vor-kuka-uebernahme-
gesetz-vor-14324519.html abgerufen

Unbekannt. (07. Dezember 2017). Schulz will Vereinigte
Staaten von Europa bis 2025. *Frankfurter
Allgemeine Zeitung.* Von
https://www.faz.net/aktuell/politik/inland/spd-
chef-schulz-will-vereinigte-staaten-von-europa-
bis-2025-15329962.html abgerufen

Unbekannt. (25. April 2019).
*Bundeswirtschaftsministerium für Wirtschaft und
Energie.* Von Altmaier reist zur Seidenstraßen-
Konferenz nach China :
https://www.bmwi.de/Redaktion/DE/Pressemitte
ilungen/2019/20190425-altmaier-reist-zur-
seidenstrassen-konferenz-nach-china.html
abgerufen

Unbekannt. (März 2019). *Memorandum of Understanding between the Government of the Italian Republic and the Government of the People's Republic of China on Cooperation Within the Framework of the Silk Road Economic Belt and the 21st Century Maritime Silk Road Initiative.* Von http://www.governo.it/sites/governo.it/files/Mem orandum_Italia-Cina_EN.pdf abgerufen.

Unbekannt. (17. Juli 2019). *The Second Belt and Road Forum for International Cooperation.* Von Headlines   : http://www.beltandroadforum.org/english/25/ind ex1.html abgerufen

Unbekannt. (26. Dezember 2020). Chinese economy to overtake US 'by 2028' due to Covid. *BBC News.* Von https://www.bbc.com/news/world-asia-china-55454146 abgerufen.

Unbekannt. (25. November 2020). *Wissenschaftliche Dienste des Bundestages.* Von 14.

XXXIII

Fünfjahresplan der Volksrepublik China: https://www.bundestag.de/resource/blob/81580 6/715fc6323a399f045ef33c19a0896899/WD-5-127-20-pdf-data.pdf abgerufen.

Unbekannt. (17. Februar 2021). China overtakes US as EU's biggest trading partner. *BBC*. Von https://www.bbc.com/news/business-56093378 abgerufen

Unbekannt. (25. Januar 2021). China takes new foreign investment top spot from US. *BBC*. Von https://www.bbc.com/news/business-55791634 abgerufen

Unbekannt. (06. Januar 2021). *Die Bundesregierung*. Von China öffnet sich für europäische Unternehmen: https://www.bundesregierung.de/breg-de/aktuelles/eu-china-investitionsabkommen-1834304 abgerufen.

Unbekannt. (22. März 2921). *Tagesschau*. Von China verhängt Sanktionen gegen EU-Politiker:

XXXIV

https://www.tagesschau.de/ausland/asien/china -sanktionen-103.html abgerufen

UNDP. (2019). *Human Development Report 2019: Beyond income, beyond averages, beyond today:Inequalities in human development in the 21st century.* Von http://hdr.undp.org/sites/default/files/hdr_2019_ overview_-_english.pdf abgerufen

UNDP. (2019). *National Human Development Report 2019: China.* Von http://hdr.undp.org/sites/default/files/nhdr_cn.pd f abgerufen

UNDP. (2020). *United Nations Development Programme.* Von Latest Human Development Index Ranking: http://hdr.undp.org/en/content/latest-human-development-index-ranking abgerufen.

United Nations. (2010). *United Nations Convention on Contracts for the International Sale of Goods.* Von

XXXV

https://uncitral.un.org/sites/uncitral.un.org/files/
media-documents/uncitral/en/v1056997-cisg-e-
book.pdf abgerufen

United Nations. (kein Datum). *United Nations Commission on International Trade Law*. Von Member States History: https://uncitral.un.org/en/about/faq/mandate_co mposition/memberhistory abgerufen.

US Congress. (1999-2000). *Silk Road Strategy Act of 1999*. Von https://www.congress.gov/bill/106th-congress/senate-bill/579 abgerufen

Verfassungen der Welt. (2001-2007). *Verfassungen der Volksrepublik China (seit 1949)*. Von http://www.verfassungen.net/rc/verf54-i.htm abgerufen.

Wang, J. (2014). "Marching Westwards": The Rebalancing of China's Geostrategy. *Semantic Scholar*. Von https://www.semanticscholar.org/paper/6-

XXXVI

%E2%80%9CMarching-
Westwards%E2%80%9D%3A-The-
Rebalancing-of-China%E2%80%99s-
Wang/9c8ea0d4183e14b381af4dd9e49059320
112c680?p2df abgerufen

Weigelin-Schwiedrzik , S. (2016). *Bundeszentrale für
politische Bildung*. Von Schwierige Erinnerung:
40 Jahre Ringen um gesellschaftlichen Konsens:
https://www.bpb.de/apuz/228469/schwierige-
erinnerung-40-jahre-ringen-um-
gesellschaftlichen-konsens abgerufen.

Weller, W. (2019). *China auf dem Weg zur Weltspitze*.
Von   https://edoc.hu-
berlin.de/handle/18452/20512 abgerufen.

Worldbank. (2021). *Global Economic Prospects: East
Asia   and   Pacific*.   Von
https://pubdocs.worldbank.org/en/60829159983
8742673/Global-Economic-Prospects-January-
2021-Analysis-EAP.pdf abgerufen.

Xi, J. (11. November 2017). *China Daily.* Von Full text of Xi Jinping's report at 19th CPC National Congress: https://www.chinadaily.com.cn/china/19thcpcnationalcongress/2017-11/04/content_34115212.htm abgerufen.

Xi, J. (1. Dezember 2017). *Embassy of the People's Republic of China in Canada.* Von Working Together to Build a Better World: http://ca.china-embassy.org/eng/sgxw/t1531148.htm abgerufen.

Xinhuanet. (07. September 2018). *China signs MOUs with 37 African countries, AU on B&R development.* Von http://www.xinhuanet.com/english/2018-09/07/c_137452482.htm abgerufen.

Xinhuanet. (29. 11 2019). *Über 84 Prozent der Unternehmen in China sind privat.* Von http://german.xinhuanet.com/2019-11/29/c_138593029.htm abgerufen

Yang, F. (2014). What about China? Religious Vitality in the Most Secular and Rapidly Modernizing Society. *Sociology of Religion*. Von https://academic.oup.com/socrel/article/75/4/564/1647885 abgerufen

Yanyuan, C., & Darimont, B. (2007). Entwürfe des Arbeitsvertragsgesetzes. *Zeitschrift für Chinesisches Recht*.

Yuan, D. (26. Februar 2018). *Deutsche Welle*. Von Verfassung auf Xi Jinping zugeschnitten: https://www.dw.com/de/verfassung-auf-xi-jinping-zugeschnitten/a-42745879 abgerufen.

ZChinR . (2014). *Zeitschrift für Chinesisches Recht*. Von Gesetz der Volksrepublik China zum Schutz der Rechte und Interessen von Verbrauchern: https://www.zchinr.org/index.php/zchinr/article/view/527/551 abgerufen.